Celso Martins

PROBLEMAS ESPIRITUAIS?... COMO RESOLVÊ-LOS

EME
EDITORA

Edição e Distribuição:

EME EDITORA

Rua Madre Valéria, 903
Caixa Postal 93, CEP 13360-000 - Capivari-SP
Fone/Fax: (0194) 91-3878

PROBLEMAS ESPIRITUAIS?...
COMO RESOLVÊ-LOS

Celso Martins

Capivari-SP

Problemas Espirituais?...

Problemas Espirituais?... Como Resolvê-los.
3ª edição – 1995 – 5.000 exemplares

Capa:
Nori Figueiredo

Arte Final:
Matheus Camargo

Ficha Catalográfica
Martins, Celso
Problemas Espirituais?... Como Resolvê-los, Celso Martins, 1ª edição 1992 - Rádio Rio de Janeiro-RJ, 2ª edição 1995, Editora EME, Capivari-SP.
108 p.
1 - Estudos Doutrinários — Espiritismo
2 - Espiritismo — Estudos Doutrinários
CDD 133.9

Índice Geral

Nota do autor a partir da 2ª edição:

Este livro foi escrito em apenas 10 dias e a sua 1ª edição, de 3070 exemplares, foi feita na Cidade Maravilhosa, pela Fundação Cristã-Espírita Cultural Paulo de Tarso, em benefício da programação espírita da Rádio Rio de Janeiro, situada na estrada do Dendê, 659 — Ilha do Governador — Rio de Janeiro/RJ - CEP 21920, operando na freqüência de 1400 Khz AM, a primeira emissora espírita do mundo.

Esta edição inicial saiu em agosto de 1992 e em menos de 3 meses se esgotou totalmente. Agora, começos de 1995, sai a 2ª edição, através da EME sendo os direitos autorais cedidos à mesma Rádio Rio de Janeiro.

À Guisa de Prefácio

Quando recebi os manuscritos desta obra com um recado generoso do Autor, solicitando que a prefaciasse, duas emoções me assaltaram:

— reconhecimento pela alta distinção que me estava sendo conferida;

— receio de não possuir capacidade suficiente para avaliar com a devida agudeza tudo quanto neste livro vai inserido.

Li, com redobrada atenção, todos os capítulos. À proporção que caminhava no livro, uma constatação me trouxe grande felicidade, conseqüente do imenso amor que devoto a esta Doutrina:

— a capacidade do Autor para, em quinze capítulos, fazer um passeio proveitoso por toda a obra kardequiana e ainda nos apresentar as pesquisas da atualidade que vêm dar respaldo a tudo que os Espíritos da falange do Espírito Verdade informaram ao Sr. Allan Kardec.

Alguns capítulos me marcaram bastante como: O Aqui e o Agora, que nos remete à meditação sobre o sábio conselho socrático: Conhece-te a ti mesmo.

Há muita matéria para profundas reflexões, que ajudarão bastante ao leitor na busca de soluções para os problemas com que o Espírito encarnado na Terra se defronta no seu cotidiano.

Agradeço duplamente ao Professor Celso Martins: pelo esforço em divulgar, de maneira bem simples e clara os grandes ensinamentos da Doutrina Espírita e por me honrar com sua amizade.

Ao mesmo tempo parabenizo o leitor pela felicidade de manusear obra de tanto valor doutrinário.

Rio, 4 de abril de 1992.

Zilda Alvarenga

Palavras Iniciais

Talvez você, que abriu este livro por mera curiosidade, atraído pelo título ou pela capa, esteja atravessando alguma dificuldade.

Por exemplo: uma doença que zomba dos melhores tratamentos especializados prescritos por profissionais vivamente interessados em sua cura, libertando-o desta doença orgânica ou emocional. Um desastre financeiro, senão o desastre, então a tremenda dificuldade de compatibilizar o que recebe como salários, vencimentos ou pensão com aquilo que necessariamente é obrigado a gastar para a sua manutenção e a manutenção de sua família. Um relacionamento cheio de conflitos com um familiar, apesar de sua tolerância e compreensão ao longo dos anos. Ou então, uma frustração amorosa, uma decepção na área sentimental quando alguém traiu a sua mais cândida confiança. Ou ainda a solidão por não ter alguém a seu lado para compartilhar suas angústias e suas aspirações. A sensação de culpa, de inferioridade diante de colegas mais bem sucedidos, a sensação de remorso, de arrependimento ou mesmo de vergonha diante de algo que você teria feito ou dito e agora, tardiamente, vê que só lhe trouxe prejuízos. Talvez a perda de um ente muito amado que morreu e dele você sente uma enorme saudade!

Talvez você se enquadre numa destas situações ou em outras piores, mais desagradáveis que só Deus e você conhecem.

Talvez. Não estou afirmando nada taxativamente. Cada

criatura é um universo particular com um passado, um presente e um porvir. E sabe o que vive, o que já viveu, o que almeja viver ainda.

Apresentei todas aquelas situações de dificuldades porque, sendo professor, e escrevendo em jornais há mais de trinta anos, travando contato direto com muitos alunos e muitas vezes recebendo cartas comoventes de leitores de diversas cidades, muitos até presidiários, como essas criaturas espontaneamente me abrem os seus sofridos corações, cheios de dúvidas e de ânsias, de perguntas e de aflições, se não posso generalizar, acho que tenho uma pálida idéia de como se sofre neste mundo, eu mesmo vivendo as minhas experiências pessoais neste contexto humano. Vêm até ao professor e ao jornalista corações que esperam nele encontrar um amigo capaz de entender suas dificuldades e sugerir-lhes alguma saída; ou então, uma palavra de reconforto, uma frase de alento; ou ainda pelo menos um par de ouvidos que os ouçam com interesse e desejo de ajudá-los.

Nessas horas graves, tento fazer aquilo que está ao meu pequeno alcance para auxiliá-los. Tento fazer porque reconheço minhas limitações, muitas vezes às voltas com os meus próprios problemas. Depois porque não existe nenhuma "fórmula mágica" capaz de resolver todos os nossos embaraços sem que estejamos dispostos a solucioná-los ou tentar fazê-lo com muita paciência e profunda fé na proteção de Deus! Tento ser-lhes útil porque estimaria contar com alguém a meu lado nestas crises. Ou dizendo melhor, fico feliz da vida quando me chega alguém de braços abertos e me estende a mão para que me reequilibre e prossiga minha marcha na busca da felicidade a que todos estamos inexoravelmente destinados por Deus.

Ah! Se existe algum determinismo do qual ninguém poderá fugir é exatamente este: Deus nos criou a todos para sermos felizes! Estamos predestinados a esta felicidade a ser construída por nós mesmos, tanto mais perto dela nos situaremos, quanto mais firmemente trabalharmos para que isto seja uma realidade constante em nosso íntimo. Será uma aquisição nossa, patrimônio pessoal intransferível, prêmio a coroar o nosso esforço no caminho do Bem! Naturalmente o Criador nos dá condições e oportunidades para este maravilhoso estado de paz interior. Muitas outras criaturas poderão dar-nos auxílio nesta tarefa. Todavia, o trabalho é nosso para que nosso seja também o mérito.

Esta convicção eu trago dentro de mim e gostaria de passar a você também. Não para catequisá-lo, para obrigá-lo a pensar como eu penso. Não. Jamais faria isto porque estaria tentando violar a sua liberdade de escolha. Apenas desejaria repartir com você esta alegria interior. Dividir com você esta felicidade. Poderemos ser companheiros de viagem.

Não farei nenhuma pregação religiosa prometendo-lhe um céu sereno depois da morte, não! Não posso fazer isto porque, se o fizesse, você logo veria que estaria sendo mentiroso, prometendo o que não acontecerá nem comigo mesmo depois de meu falecimento. Céu é estado íntimo que pode começar a ser vivido aqui na Terra mesmo, apesar das dificuldades para você, que eu, que ele, que todos tão penosamente às vezes atravessamos. E para atingir esta paz interior, não nos será necessário pertencer a esta ou àquela religião. Até entendo e respeito os que pregam tudo isto por aí. Se estão realmente desejosos de transmitir uma palavra de alento aos que sofrem, é óbvio que merecem o meu irrestrito respeito, embora pessoalmente não aceite aos seus pontos de vista ou seus métodos de pregação. Entretanto, isto também não me impede de dizer que esta felicidade que todos buscamos (e todos, um dia, alcançaremos) é fruto, repito, de nosso esforço ao qual se juntam a paciência, a persistência , a fé em Deus.

A vida nos dá de conformidade com as nossas ações. Se eu lançar no solo sementes de uva, não haverei de colher figos. Cada qual recolhe o que semeia. E mais: se problemas hoje existem em nosso derredor, eles aí estão como desafios para que os resolvamos com paciência, com tolerância, com energia e, repito, fé em Deus. Não podemos nunca abater-nos. Nem procurar deles fugir através dos tóxicos, do suicídio, dos atos de violência contra o nosso semelhante. Não seria resolvê-los: seria agravá-los mais ainda.

Por pensar assim, e desejar ajudá-lo, é que escrevi este livro.

(Março de 1992)
Celso Martins

Primeira Parte

Bases Doutrinárias

Nesta primeira parte, o leitor encontrará a resposta para esta questão: Quem somos? E a explicação para outras perguntas como: De onde venho? Para onde vou? Que faço à face da Terra? Viverei depois da morte? Já tive outras vidas antes do berço? Podem os mortos dialogar com os vivos?

O Aqui e o Agora

A meu ver, no que posso estar equivocado, um dos males que torna difícil a vida, pelo menos no que me é dado observar em nossos dias, consiste em fugir do presente. Sim: fugir do presente!

Uns ocupam longas horas da existência recordando o passado, talvez com saudades, talvez com ressentimentos, se este tempo que se foi e não volta mais, constituiu-se de venturas ou de amargas dificuldades. Outros agem no sentido diametralmente oposto: ocupam igualmente longas horas da existência a projetar sonhos e mais sonhos no futuro, esperando se concretize numa radiosa alvorada algum desejo dourado, alguma aspiração ardente por um simples gesto mágico, um estalar dos dedos ou algo que se lhe caísse gratuitamente do céu à custa de minha oração e pouca ou nenhuma ação!

Não vou colocar o meu amável leitor neste ou naquele caso por não saber qual é a sua postura diante da vida. É um problema de foro íntimo que me cabe escrupulosamente respeitar. Demais, se não é proibido sonhar, é mesmo natural da criatura humana aspirar a algo melhor, não se pode também destruir a recordação do que se viveu neste contexto da vida à face da Terra. No entanto, quer-me parecer que tal alienação do presente, esta fuga do aqui e do agora, em nada contribui para que possamos viver a atualidade, que se nos apresenta, em sua plenitude, com equilíbrio nas ações e sossego no íntimo. Repito: viver a atualidade em sua plenitude, pautando as ações pelo equilíbrio a fim de ter sossego no íntimo.

Na vida não é conveniente nunca tomar posições extremas.

Manda a prudência manter sempre a conduta do equilíbrio, se não me faço repetitivo. Com base nas experiências do passado e tendo-se em vista um anseio legítimo de um porvir de mais tranqüilidade, cumpre-nos compreender o dia de hoje, o nosso agora, a partir da melhor compreensão do que somos em nossa essência, em nossa intimidade mais profunda. Reconheço que isto se torna difícil porque o mundo, pelo menos dito ocidental, tem supervalorizado o ter, o possuir, o consumir, relegando para o mais remoto dos planos o mergulho da criatura em si mesma para que melhor a si se conheça. Mas este conhecimento do seu *eu* é de relevante valia para que vejamos uma luz no túnel de nossas dificuldades.

Por exemplo: quem somos? O que estamos fazendo neste planeta tão diminuto ante a vastidão do Universo onde gravitam bilhões de astros? Por que é que lutamos tanto, às vezes sob o acicate de doenças físicas ou golpes morais? Quem são estes outros seres humanos que estão a nosso derredor, como familiares ou amigos, como vizinhos ou conhecidos, na mesma cidade, no mesmo país, no mesmo mundo?

Mais ainda: Precisamos saber o que nos vai acontecer depois da morte já que a única certeza que temos é esta — a de que um dia iremos morrer. Importa, por isso mesmo, procurar saber se ali tudo terminará ou se há algo mais além. Numa palavra, antes e acima de tudo precisamos compreender o porquê da vida para que possamos entender depois o aqui e o agora, tanto quanto entender o que já vivemos no ontem que recordamos ou aquilo que ainda viveremos no amanhã.

Para então empreender este orgulho em nosso *eu*, precisamos filosofar, argumentar com dados ou provas científicas e daí extrair um conjunto de normas de viver ao lado dos nossos semelhantes.

A Filosofia irá responder-nos a estas questões: Quem somos? O que fazemos à face da Terra? Por que é que vivemos e lutamos e sofremos muitas vezes? Para onde iremos depois da morte? Teria alguma recompensa para nosso esforço no caminho da Bondade, da Caridade, da Justiça, da Moral? Haveria punição para nossos erros e oportunidades de refazermos nossos atos acertando onde erramos e melhorando onde fomos negligentes?

A Ciência, como disse, dar-nos-á uma base para fundamentar nossa concepção da vida. E as conseqüências morais da nossa postura diante da própria vida nortearão nosso procedimento no sentido de que aquela felicidade com que tanto sonhamos — e à qual, repito — estamos todos fadados a vivenciar, não seja uma mera pregação religiosa ou um sonho adolescente de impossível realização, mas algo concreto e permanente em nosso interior.

A mim me deu resposta a todas as perguntas aqui já citadas a Doutrina Espírita. Por isso, sou espírita. Mas isto não quer dizer que eu desejo torná-lo espírita também. Torno a dizer: respeito o seu direito de concordar ou discordar, o seu direito de escolher outro caminho a ser por você mesmo percorrido com os seus próprios pés. Não escondo a minha convicção de espírita, mas admito sua opinião, inclusive a de não aceitar nada do que admito. Tão-só escrevi este livro para auxiliá-lo, caso queira algum auxílio. Jamais para impor a quem quer que seja as minhas idéias, embora honestamente encontre no Espiritismo respostas claras e objetivas sobre o porquê da vida. E seria egoísta se não levasse até você estas respostas que a mim, repito, me fizeram muito bem porque me fizeram sentir a grandeza da Bondade e da Justiça de Deus.

Mesmo em meio a dores físicas ou morais, muitos foram beneficiados por esta Doutrina que apenas pede que seja estudada e, depois, vivenciada para o benefício da própria criatura que o faça.

Se você também for beneficiado com estas noções, eu me darei por ter cumprido com o meu dever de ser seu irmão.

Leituras complementares

Se você desejar mais detalhes, sugiro a leitura de outros livros como por exemplo:

1 — *O Porquê da Vida* — de Léon Denis.

2 — *O Problema do Ser, do Destino e da Dor* — também de Léon Denis.

3 — *O Espiritismo Aplicado* — de Eliseu Rigonatti.

4 — *Mensagem de Esperança* — de Celso Martins. (EME)

Quem é você?

Não se sabe ao certo quando é que o homem apareceu à face da Terra. É certo que ele é o resultado de um processo evolutivo que se deu ao longo dos milênios, iniciado no seio das águas do mar, há mais ou menos dois e meio bilhões de anos atrás. Em virtude disto, a Ciência o considera o ser vivente mais perfeito na superfície do planeta, o que é ponto pacífico, ninguém poderá discutir ou pôr em dúvida. Mas... quando surgiu o primeiro homem, é uma pergunta para a qual a própria Ciência não deu a palavra final. Apenas à guisa de ilustração diria que há quem lhe atribua uma idade de uns dois milhões de anos, o que é uma fração muito diminuta diante dos cinco bilhões de anos atribuídos à formação da Terra.

Deixemos estas perquirições para os especialistas e vamos à pergunta que intitula até nosso capítulo: Quem é você?

O leitor me dirá: Ora,sou Fulano de Tal, Filho de Beltrano com Sicrana, tenho tantos anos, resido no seguinte endereço, tal é o meu estado civil e tal a minha nacionalidade, exerço esta profissão. E irá fornecendo seus dados pessoais podendo até acrescentar sua religião, seu time de futebol, a escola de samba favorita no carnaval, o partido ou os políticos em quem votou nas últimas eleições, etc.

E se for leitora, creio que informará a cor de sua pele, de seus olhos, de seus cabelos, sua altura, seu peso, suas preferências em matéria de roupas, de perfumes, de pratos que prepara, coisas do sexo feminino que a gente entende porque faz parte do contexto humano.

Mas eu, sem querer ser indiscreto, insisto na pergunta:

— Quem é você?

O leitor terá total direito de ficar aborrecido, diante da mesma inquirição meio policial. Pedirá licença e se afastará de mim meio espantado. Todavia, bem lá no íntimo, creio, teria lançado uma semente de uma dúvida ou um convite a uma auto-análise mais profunda. E aí, não sei se reticente, o leitor, se continuasse a me responder, diria: — Sou nervoso, sou tímido, sou destemido, sou corajoso. Ou então: — Sou ciumento, sou valentão, sou o mais capaz do grupo, o mais alegre (ou o mais triste) da família, do ambiente de trabalho, das redondezas onde moro.

E ainda poderia aduzir: — Tenho medo de fantasmas, de almas do outro mundo, do sobrenatural. Acredito em horoscopia ou seja, na influência dos astros em nossas vidas. Às vezes, consulto quem joga búzios, gostaria de conversar com algum guia espiritual numa sessão espírita, admitindo quem leia a minha mão.

Aí eu aproveitaria a ocasião para dizer-lhe que, como espírita, embora respeite aquele que aceita tudo isto, eu não admito a influência dos signos em nossos destinos. Não acendo velas para as almas. Dispenso todo e qualquer ato ritualístico para pôr-me em contato com Deus para tanto fazendo em silêncio, onde quer que esteja, em qualquer horário, a minha prece, brotada de meu coração sincero. O Espiritismo não admite nenhum sacerdócio organizado nem vê no médium alguém diferente, capaz de fazer milagres ou prodígios sobrenaturais. A Doutrina Espírita nele, no médium, vê apenas um intermediário entre os chamados "mortos" e os vivos, sendo que este intercâmbio deve ser gratuito, espontâneo e sempre voltado para consolar e esclarecer tanto os "mortos" como os vivos. Razão por que não deixo lerem minhas mãos nem vou consultar quem jogue búzios, apesar, repito, de respeitar quem age desta maneira, muitas vezes no sincero desejo de auxiliar quem sofra.

Afinal, quem somos? — talvez já impaciente dirá o leitor.

Bem, a resposta pode ser dada por muitos companheiros de romagem terrena. Cada qual dará uma resposta julgando-a completa.

Um médico nos daria de pronto explicação calcada nas ciências biológicas, enumerando dados da Anatomia e da Fisiologia: Você é um corpo de 208 ossos, com perto de 650 músculos, 5 litros de sangue bombeado por um coração que bate 72 vezes por minuto. Você é um admirável conjunto de tecidos e órgãos controlados pelos sistemas nervoso e glandular, coordenando o trabalho dos aparelhos digestivo, circulatório, respiratório e gênito-urinário. Formou-se a partir de um zigoto, etc., etc., etc.

Um psicólogo, ou mesmo um professor mais interessado no conhecimento da criança ou do jovem, nos traçaria o perfil caracteriológico e garantiria que somos extrovertidos (ou introvertidos), com este ou aquele Q.I. (quociente de inteligência), com esta ou aquela capacidade psicomotora ou afetiva em decorrência de uma base genética herdada dos pais de interação com a educação recebida sobretudo no lar nos primeiros anos de vida. E por aí iria o psicólogo em sua resposta.

Já um sociólogo teria excelente oportunidade para ressaltar mais ainda as influências do ambiente configurado naquilo que vivenciamos entre os colegas de escola, entre os camaradas de trabalho, os colegas de folguedos ou lazer, entre os correligionários de religião ou de atividades político-partidárias. Insistiria na influência dos livros, dos jornais, das emissoras de rádio e sobretudo de televisão; recordaria as tradições, os costumes, os hábitos do grupo social em que estamos inseridos, ou seja, classe pobre ou média, na condição de empregados ou de empregadores, deste ou daquele país, neste ou naquele estágio tecnológico, vivendo nas cidades ou no meio rural, etc., etc., etc.

Tanto como um religioso tradicional nos diria sem pestanejar com fundamento em algum livro sagrado, que somos criaturas de

Deus e iremos para o céu depois da morte se observarmos sem questionamentos uns tantos dogmas de sua seita ou, ao contrário, iremos direto, sem caminho de volta, para o inferno caso não admitamos este ou aquele catecismo.

Mas afinal, quem somos? — de novo interpelará o leitor com justa ansiedade curiosa. Tentarei responder-lhe citando alguns exemplos.

Sem negar ao médico, ao psicólogo, ao pedagogo, ao sociólogo e de certa forma ao religioso tradicionalista uma certa dose de razão, com base , repito, em fatos rigorosamente controlados como manda uma ciência de observação da Natureza, o Espiritismo nos mostra que as respostas apresentadas anteriormente são parciais porque só levam em conta alguns aspectos isolados da exuberante personalidade humana. É como se um botânico se propusesse a estudar a Amazônia e, na hora, se detivesse no estudo de uma só árvore, esquecendo-se da floresta mais abrangente.

A meu ver, o homem tem de ser estudado de um modo mais pleno, mais integral, como se diz hoje em dia, de um modo holístico, como um grande todo e não partes estanques, separadas. Pelo que vimos, o religioso simplesmente levou em conta a natureza espiritual do homem, perto da qual andou o psicólogo. Tanto como o médico e o sociólogo se detiveram apenas na natureza material da criatura, ignorando a outra face da medalha.

O Espiritismo como ciência e filosofia, apresentando outrossim aspectos religiosos ou morais em suas conclusões, ele, o Espiritismo não ignora o arcabouço físico, não nega a influência do meio social, nem despreza a tese da evolução das espécies desembocando no aparecimento do homem à face do planeta. No entanto, ele, Espiritismo, prova ser antes e acima de tudo o homem um Espírito num corpo de carne e osso, realidade que a Parapsicologia vem a pouco e pouco reconhecendo. Notar que eu me refiro à Parapsicologia feita com seriedade, por cientistas imparciais, porque há muitos religiosos que colocam sobre os ombros o título de parapsicólogos para combater o Espiritismo e os espíritas, em particular os médiuns, não dando conta de que, assim agindo, reduzindo o homem apenas à parte material, estes religiosos solapam as bases das suas próprias religiões que se assentam na natureza espiritual da personalidade humana.

E por que o Espiritismo diz ser o homem um Espírito em um corpo vivendo à face da Terra? A Doutrina Espírita parte desta premissa porque se fundamenta em fatos concretos, documentados por muitos pesquisadores de renome universal.

Para não ser prolixa nossa exposição, daremos ligeiros exemplos destes fatos.

1º) Hoppack, autor da obra *Materiais para o Estudo da Psicologia*, conta que o abade Steinmetz, estando em casa, no seu quarto, com visitas, viu-se a si mesmo no jardim, em seu recanto favorito. Apontando primeiro para si e depois para o outro seu igual, disse: — Este é Steinmetz, o mortal; aquele é o imortal!

2º) Determinado cidadão que se tornaria posteriormente juiz, logo, uma pessoa a quem não se poderá atribuir ingenuidade nem alucinações, certa ocasião, em sua mocidade, achava-se de férias no campo, quando uma das filhas da casa em que estava pediu-lhe fosse buscar um guarda-sol em seu quarto. Ele foi e viu a moça sentada à mesa de trabalho, porém mais pálida do que no momento em que a deixara. Olhava para a frente. Pois bem, o cidadão, embora com medo, pegou o guarda-sol e voltou à moça que, vendo-o com a fisionomia transtornada, calmamente o tranqüilizou dizendo: "— Confesse que me viu lá. Mas não se assuste que eu não vou morrer, já, não! Eu tenho um duplo. Em pensamento eu estava junto dos meus trabalhos e já muitas vezes eu mesma me vi, eu me deparei com a minha imagem a meu lado. E não fazemos nada uma à outra."

3º) A professora francesa Emília Sagée perdeu dezenove vezes o emprego porque aparecia em toda parte em duplo. As meninas de um pensionato onde Emília lecionava a viam ao mesmo tempo na sala de aula diante do quadro-negro e num jardim que podia ser observado pelas janelas da sala.

4º) Uma autoridade governamental em Weimar, indo à Chancelaria buscar uns documentos de que precisava, viu-se já sentado em sua cadeira habitual, com os documentos diante de si. Assustado com esta visão, volta para casa e manda uma empregada buscar os mesmos documentos, que ela encontraria no lugar costumeiro. A serviçal sai para cumprir a ordem e lá encontra de novo o patrão sentado em sua cadeira.

5º) Um oficial da Marinha Francesa declara que, quando ainda se preparava para entrar na Escola Naval, estava certa ocasião em Paris morando com sua mãe e tinham um mordomo piemontês (italiano) que, a bem dizer, não acreditava nem em Deus nem no diabo. Por volta das 6 horas de uma tarde, entra o referido mordomo na sala de visitas com a fisionomia convulsionada dizendo que estava a repousar quando em seu quarto a porta se abriu e viu entrar sua mãe muito pálida dando-lhe um gesto de adeus. Supondo-se vítima de alguma alucinação, esfregou os olhos e porque ainda a visse muito bem, precipitou-se para segurá-la. Mas aí a visão se desfez. O moço chorou muito depois da ocorrência. Dias depois chegava a notícia de que exatamente naquele dia e naquela hora da sua visão, sua mãe havia falecido.

Poderia dar mais exemplos, às dezenas, às centenas. Mas, como disse, seria prolixa a exposição. Tais ocorrências demonstram que o ser humano é antes e acima de tudo um Espírito vestindo temporariamente um corpo de carne e osso. Nos quatro primeiros casos deu-se a bilocação ou bicorporeidade, quando o Espírito se separa do corpo e se apresenta sob a forma materializada, com todos os traços de pessoa viva, em local diferente de onde permanece o corpo. Já o quinto caso se enquadra numa comunicação mediúnica. Mas tudo isto será estudado mais detalhadamente nos capítulos seguintes. Nota: Alguns dos fatos, aqui citados, Kardec extraiu do livro Os Fenômenos Místicos da Vida Humana, de Maximilien, da Universidade de Berna (1861).

O religioso tradicional só se equivoca quando ensina a seus fiéis que, depois da morte, iremos para o céu ou para o inferno, caso pertençamos ou não a este ou àquele credo religioso. Não. Céu e Inferno são estados conscienciais em que a criatura se encontra, em qualquer lugar que esteja, em decorrência de sua consciência tranqüila ou desassossegada perante as Leis Morais que regem a Vida.

Leituras complementares

Se você desejar mais detalhes, sugiro a leitura de outros livros como por exemplo:

1— *Afinal, quem somos?* — de Pedro Granja.

2— *Extraordinários Fenômenos Espíritas* — de Aureliano Alves Netto.

3— *O Desconhecido e os Problemas Psíquicos* — de Camille Flammarion.

4 — *Fatos Espíritas* — de William Crookes.

O Homem: Corpo Mais Espírito

Tem, como disse no capítulo anterior, a personalidade humana uma componente material e outra espiritual. A inteligência, quer dizer, a capacidade de escolha, de seleção, de modificações de reações diante mudança dos estímulos do ambiente, a capacidade também de aproveitar experiências passadas para resolver problemas novos, tudo isto não reside no cérebro. E não apenas a inteligência. De igual maneira a memória, o senso de justiça, os impulsos de bondade ou de agressividade, a consciência de si mesmo, os ideais nobres ou os intentos sórdidos, a sede desenfreada de gozar o dia que passa, a ânsia desmedida em torno do estômago ou do sexo, bem como aquele anseio de progresso que leva a criatura a trabalhar e a estudar, a inclinação às vezes para as artes por amor ao Belo, tudo isto não reside no cérebro. Tampouco no coração que é aquela máquina a bombear o sangue. O amor, a saudade, a alegria, a angústia, a tristeza, a ternura, a agressividade, o ódio, toda esta série de qualidades ou atributos da criatura provém do Espírito.

Não raciocinamos com o cérebro. Quem raciocina, quem sente, quem decide é o Espírito que se utiliza temporariamente de um corpo para transmitir sua vontade, externar seus desejos, manifestar sua individualidade.

Não sei se o meu leitor já ouviu falar em Edgard Cayce. Darei ligeiros episódios de sua vida, os quais evidenciam a existência do Espírito no ser humano.

1º) Nascido em Kentucky (Estados Unidos da América do Norte) em meio rural, aos 11 anos de idade durante uma partida de beisebol, recebendo uma violenta batida na coluna vertebral, entrou em estado comatoso do qual o médico da região não conseguia tirá-lo. Eis que para espanto de todos, a voz do garoto se elevou tranqüila, embora o corpo se apresentasse no sono profundo: "— É preciso que me apliquem cataplasmas de plantas que vou indicar. Façam as aplicações na base do pescoço ". Em seguida, indicou os vegetais que deveriam ser utilizados e ainda acrescentou este recado: "— Apressai-vos porque o cérebro corre perigo de ser atingido." Fizeram como a voz do menino adormecido recomendara. E no dia seguinte o rapazinho estava radicalmente curado e, o que é mais ainda curioso, desconhecia a maior parte das ervas indicadas.

2º) Adormecido, Cayce dava informações que lhe eram estranhas, totalmente desconhecidas quando ele voltava à vida normal. Tanto que, depois de ditar remédios para tratar muitos doentes, declarava: "— Eu não conheço a metade das palavras que estão anotadas. Não tomem estas drogas. Poderia ser perigoso. Nada conheço de Medicina. Tudo isto é magia." Entretanto, os doentes se curavam fazendo uso dos remédios por ele ditados.

3º) Um de seus filhos, com 8 anos, brincando com fósforo, ocasiona uma explosão atingindo-lhe de tal forma os olhos que os especialistas não pensam duas vezes ao determinar a extração imediata de um globo ocular. Em sua angústia de pai, Cayce entra em sono e se opõe a esta cirurgia drástica. Indica tratamento com compressas de ácido tânico durante 15 dias. Os médicos protestam, alegando loucura. Porém o pai Cayce não abre mão das orientações que ditou em sono sonambúlico. E a criança ficou curada !

4º) Já objeto de estudos pelo Dr. John Blaksburn, presidente do Sindicato Médico, certa ocasião Cayce prescreve um remédio dando o nome pelo qual deveria ser procurado: Coridon. E mais, indica o laboratório que o fabrica, em Chicago. Telegrafaram para lá e a direção se espanta: "— Como sabem vocês que temos este medicamento, se não falamos dele a ninguém nem está ainda à venda? Como souberam da existência deste remédio se a sua fórmula acaba de ser descoberta e lhe daremos o nome de Coridon?"

5º) Para não alongar nosso relato, um último, dentre muitos outros que poderíamos relatar na vida de Edgard Cayce. Profundamente adormecido, como sempre, ele dita quatro receitas muito precisas, sem que ninguém sequer imaginasse para quem cada uma era indicada. Quarenta horas mais tarde, porém, eis que se apresentam quatro doentes; e só então é que se percebe para quais doentes foram elas prescritas.

Não sei também se o leitor já ouviu falar em Jeane Dixon. Também vou recolher de sua vida alguns episódios nos quais previu o que ainda iria acontecer envolvendo grandes vultos do cenário terrestre. Vejamos:

1º) Um dia, em casa, ela viu um avião cair em chamas. Pouco depois, entra em casa o marido dizendo que precisava arrumar as malas e seguir para Chicago numa rápida viagem aérea. Jeane relatou-lhe a vidência e pede que fosse de carro ou de trem. A contragosto, seu esposo concordou e, para sua estupefação, soube pouco depois que aquele avião em que reservara lugar — caiu ao solo em chamas, do desastre não escapando ninguém !

2º) Em fins de 1944, pouco depois da reeleição de Franklin Delano Roosevelt para o seu quarto período presidencial, Jeane Dixon vai até à Casa Branca e lá, em entrevista com Roosevelt, dentre outras afirmativas, fez esta quando o estadista indaga se a Rússia continuaria aliada dos norte-americanos, após a II Guerra: "— As visões que tenho mostram o contrário. Contudo, seremos aliados outra vez, mais tarde, contra a China Vermelha."

Roosevelt estranha: "— Mas a China, não é um país comunista ?" (De fato, passou a sê-lo em 1949) Mas a vidente insiste:

"— Vejo que a China se tornará comunista e nos dará muito trabalho. Depois dela, a nossa grande preocupação será a África ."

Estou elaborando este livro em 1992, um ano depois do conflito no Golfo Pérsico; e da abertura política da União Soviética que, aliás se dissolveu sendo que observamos uma aproximação dos países do Leste Europeu aos Estados Unidos. O futuro dará mais detalhes para sabermos se a vidente estaria ou não com a verdade. Em adição, quero colocar mais alguns episódios por ela profetizados e transformados em realidade. Ei-los:

3º) Certa noite, em meados de 1947, previu o assassinato de Gandhi, o que se deu em 30 de janeiro do ano seguinte.

4º) Em abril de 1948 alguém quer saber dela se Truman seria reeleito pois que tudo parecia ser isto impossível. Jeane Dixon vaticinou sua vitória e esta, de fato, se concretizou.

5º) No começo de 1945, quando visitava os Estados Unidos, Churchill, famoso estadista inglês, travou diálogo com a vidente que estamos aqui citando. Ela lhe disse que seria derrotado nas eleições mas que não se afligisse pois que voltaria a ocupar o poder. Não aconteceu diferente: em julho de 45, com efeito Churchill passa a chefia para o partido trabalhista; no entanto, seis anos mais tarde regressa como Primeiro-Ministro britânico.

Não quero entediar o leitor com mais exemplos. Apenas deixar bem claro que o Espiritismo de modo nenhum desmerece, deprecia, menospreza o corpo, que é, aliás, uma admirável máquina, de fato resultado de um longo processo evolutivo ao longo dos milênios. Máquina que deve ser cuidada por ser excelente instrumento de trabalho do Espírito que o habita por período temporário no mundo.

Mas a Doutrina Espírita, embora admitindo a influência dos genes transmitidos dos pais aos filhos, a influência dos hormônios na fase da puberdade e dos alimentos, das vitaminas, das calorias sobretudo nos anos da fase infantil, a influência do meio social a partir da família, da escola, da nação, do momento histórico em que se vive, embora admitindo tudo isto, nossa Doutrina ressalta o papel eminentemente preponderante do Espírito porque é dele que parte toda manifestação inteligente.

Inclusive modernamente, usando-se técnicas especiais de regressão da memória, a Parapsicologia deixa isto muito claro quando o próprio Rhine, o criador desta ciência, afirma ser a mente algo extrafísico.

Numa comparação ilustrativa, o corpo é um veículo e o Espírito o seu condutor. As emoções, os sentimentos, a vontade, são atributos do motorista e não do carro em si. E se o chofer imprimir ao seu carro uma velocidade excessiva, daí advindo algum acidente, é claro que a culpa não será colocada no carro mas na imprudência, na imperícia, na irresponsabilidade do motorista desastrado!

Já declarei que sou espírita, neste livro exponho as idéias e os ideais preconizados pelo Espiritismo sem desejar catequisar quem quer que seja. Apenas me move o desejo de passar a um ou outro leitor, que atravesse dificuldades, alguns subsídios para que ele mesmo entenda a razão destas dificuldades e encontre solução para seus problemas com paciência, perseverança e muita fé em Deus.

Na verdade, o que Allan Kardec escreveu nos livros da Codificação da Doutrina Espírita, a pouco e pouco vem sendo confirmado pelas ciências nestes últimos anos. Por exemplo: um dos princípios fundamentais do Espiritismo é a existência de um elemento não-material, incorpóreo na personalidade humana. Tentei dar exemplos disto. Pois muito bem, o Dr. Joseph B. Rhine, chefe do Laboratório de Parapsicologia da Universidade de Duke, nos Estados Unidos da América do Norte, bem como outros pesquisadores do antigo mundo soviético, demonstraram experimentalmente que o homem tem acesso a conhecimentos, fatos e idéias que nada têm a ver com a sua memória individual ou com as informações armazenadas que ele obteve através do aprendizado ou experiência. A telepatia, a clarividência, a premonição, quer dizer, respectivamente, a transmissão do pensamento, o conhecimento de um fato que está ocorrendo sem o concurso dos tradicionais órgãos dos sentidos nem da telepatia, o conhecimento prévio de alguma ocorrência que ainda não aconteceu, tudo isto já foi demonstrado em experiências científicas laboratoriais. Por isso é que eu não estou fazendo pregação religiosa. Apenas mostrando que a Parapsicologia, por exemplo, mostra que o homem possui algum fator extra-sensorial, faculdade esta que pode dar-nos o conhecimento de estados objetivos e de estados subjetivos, o conhecimento de coisas materiais e do que se desenvolve nas mentes de outros indivíduos.

É então a ciência descobrindo o Espírito. A Parapsicologia repetindo o que Kardec já anunciava, ela nascendo em 1930 e o Codificador lançando seus livros a partir de 18 de abril de 1857, em Paris, sendo tais livros os seguintes: *O Livro dos Espíritos, O Livro dos Médiuns, O Evangelho segundo o Espiritismo, A Gênese* e por fim *O Céu e o Inferno*, sendo de citação ainda a direção da *Revista Espírita,* desde 1858 até quando Kardec morreu (desencarnou) em 1869.

No livro O *Evangelho segundo o Espiritismo*, por exemplo, há uma página onde é recomendado ao homem cuidar tanto do corpo como do Espírito. Vale a pena ser visto este assunto aqui e agora. Isto porque se muitos só pensam no corpo, outros se voltam apenas para o Espírito.

Já declarei e repito: na vida manda a prudência manter sempre uma conduta de equilíbrio. Nem oito nem oitenta. Sendo o Espírito a parte mais importante, a parte fundamental do ser humano, nem por isso devemos descurar do organismo, esta ferramenta preciosa de trabalho para que o Espírito progrida e seja efetivamente feliz, um dia, como já vimos.

O próprio Jesus, o Espírito mais perfeito que passou pela

Terra, aquele que o *Livro dos Espíritos* aponta como modelo e guia para todos nós, o Cristo declarava: Dai a César o que é de César e a Deus o que é de Deus.

Ademais, há uma íntima relação entre o corpo e o Espírito, levando-nos a recordar a velha recomendação *Mens sana in corpore sano*. Isto significa: mente sadia para manutenção da saúde corporal, sendo de se lembrar que, hoje em dia, a Organização Mundial da Saúde analisa a saúde não apenas como a simples ausência de doença mas um bem-estar físico, mental e social, porque um fator implica muito os outros dois, muito fronteiriços.

O Dr. Arnold A. Hutschnecker na obra A *Vontade de Viver* chega a afirmar que nós envelhecemos não por causa dos anos, mas dos acontecimentos e das nossas reações emocionais a eles. Olhem aí, caros leitores, a interdependência, o entrelaçamento dos fatores orgânicos, mentais e sociais! O mesmo médico dá um exemplo digno de citação: Se uma viúva acha que sua vida chegou ao fim e já não tem para quê viver, esta atitude se reflete em sua aparência exterior, no gradual declínio, no embranquecimento dos cabelos, ao passo que outra viúva, talvez mais velha, comece a remoçar, caso entre na competição por um novo marido, ou embarque numa carreira de negócios, ou se ocupe de algum interesse para o qual até então não havia achado tempo.

Como sugestão, não sei se audaciosamente, sugeriria alguma atividade benemerente em favor de órfãos, de doentes, de excepcionais, sendo útil ao seu próximo mais necessitado. Creio que aí estaria, inclusive, um caminho a ser seguido por quem se queixe de solidão na terceira idade.

Finalizarei este capítulo dizendo que a Medicina Psicossomática, analisando o homem como um todo, não reconhece mais aquela divisão entre doença física e doença mental porque todas as doenças têm aspectos ou componentes psicológicos e somáticos, chamando a atenção dos pais para a forma pela qual amaram (ou deixaram de amar) seus filhos nos primeiros anos de vida e durante a crise da puberdade. Somos um Espírito e temos um corpo. Tudo bem! Melhor ainda se soubermos dispensar atenção a um e a outro com equilíbrio. Será mais fácil entrar no caminho que conduz à felicidade entendida como alegria, como entusiasmo de viver!

Leituras complementares

De igual maneira, caso você deseje mais detalhes, fica aqui a sugestão de outros livros como por exemplo:

1 — *Corpo e Espírito* — de Carlos Imbassahy.

2 — *Nossos Filhos São Espíritos* — de Hermínio Corrêa Miranda.

3 — *O Alcance da Mente* — de Joseph Banks Rhine .

4 — *O Além e o Aquém* — de Cristóvam Marques Pessoa.

5 — *Estranhos Fatos Supranormais* — de Alfredo Miguel.

A Vida Além das Sombras da Morte

Bem, já foi visto, embora rapidamente, ser a criatura humana algo além do corpo material, formado de músculos e nervos, de sangue e hormônios, de vísceras e ossos. Mas... e este princípio imaterial, incorpóreo, sobreviverá depois da morte?

Eis aí uma pergunta inquietante. Ao invés de dizer sim ou não — peço permissão ao leitor para prosseguir na área dos exemplos a fim de que ele mesmo tire suas conclusões, combinado?

Vejamos:

1º) *Revista Internacional do Espiritismo*, de 15 de dezembro de 1953, pág. 238, relata-nos o seguinte:

Perdi minha filha com 17 anos de idade; ela esteve doente durante cinco anos e seus estudos foram muito irregulares. Durante oito meses em que esteve acamada até o dia da morte, conservou sua inteligência e vontade notáveis.

Quinze dias antes do falecimento, numa tarde em que eu estava reclinada à cabeceira de seu leito, perguntei-lhe em que pensava, vendo-a absorvida.

— Mãezinha, olha para lá, e apontou as cortinas do leito.

Segui a direção de sua mão, e sobre a cortina sombria vi a forma de um homem, completamente branco, destacando-se nitidamente.

Não tendo nenhum conhecimento de Espiritismo, fui assaltada por intensa emoção. Fechei os olhos, com o propósito de nada mais enxergar.

Minha filha disse-me:

— Tu não respondes?

Tive a fraqueza de lhe declarar:

— Eu nada vejo.

Sem dúvida, fui traída pela voz emocionada, porque a minha filha acrescentou com ar de repreensão:

— Oh! Mãezinha, eu vejo sempre a mesma coisa, há três dias à mesma hora! É meu paizinho que me vem buscar.

Ela morreu 15 dias depois; a aparição não mais se repetiu. Nesse dia havia atingido sua máxima intensidade, talvez para que também eu enxergasse.

Repito, nessa época nada conhecia de Espiritismo. Eu acreditava em Deus e na imortalidade; e era tudo.

A morte de minha filha abismou-se em medonho desespero. Pensei enlouquecer. Depois, pouco a pouco, impôs-se em meu espírito e no coração o credo que eu ignorava.

Ouvi a voz de minha filha e entre nós houve comunicações. Hoje gozo do conforto da consolação.

Leitor amigo, eis aí o relato de um coração materno. Caso sua dor seja a saudade de um ente querido, este esclarecimento serve de consolo. Mas vamos a outros exemplos.

2º) *Estudos Psíquicos*, de junho de 1958, traz este depoimento: Uma senhora, que se oculta sob as iniciais D. W., escreveu a seguinte carta ao jornal *Leader,* de Nelson, na Inglaterra, quatro meses após a cremação do cadáver do marido:

Sucedeu-me há dias um caso tão estranho e fora do vulgar, que julgo não encontrar para ele explicação racional. Note-se que eu não sou atreita à imaginação, nem a sentimentalismo. Meu marido morreu há 4 meses e, a seu pedido seu corpo foi cremado em Skripton. Um dia, estava sentada na minha sala de visita a escrever quando alguma coisa me obrigou a levantar os olhos. A um metro de distância, meu marido encontrava-se de pé e a olhar para mim. Encarei-o incredulamente e exclamei sem querer:

— Jack! Ele sorriu e respondeu:

— Doris, não te aflijas. Estou bem e sou feliz. Onde estou é tudo maravilhoso.

Depois curvando-se para a frente, passou a mão pelo meu ombro, como fazia em vida, e disse-me:

— Não posso estar muito tempo. Agora, sabes...

E afastou-se e extinguiu-se, não através da porta, mas através da parede... Foi o que me pareceu. Tive a impressão de que foi para a parede ou foi a parede que o envolveu. Este é o meu caso, que não mais se repetiu. Não o compreendo, mas a figura que eu vi era real e objetiva. Senti a mão a tocar-me no meu ombro e lembro-me de lhe ver os dedos da mão. De resto, estava vestido como meu marido sempre se vestia.

Terá isto qualquer explicação? O seu corpo foi cremado. Então, foi ele ou o seu duplo que me falou e tocou.

Caro leitor, agora é narrativa de uma viúva cujas dúvidas o Espiritismo dissipa dizendo, com base nestes exemplos, que o Espírito sobrevive após a morte (no caso presente após a cremação do corpo) e pode, em certas ocasiões, até entrar em contato direto com os homens do mundo onde vivemos. Outro consolo para quem sente saudades de alguém que atravessou as cinzas da morte e continuou vivo no plano espiritual.

3º) *Two Worlds*, de 5 de maio de 1956, cita esta ocorrência com uma famosa rainha da moda parisiense:

Um dia estava Schiapareli deitada na obscuridade e viu seu pai entrar silenciosamente através de uma porta fechada sentando--se ao pé da cama, onde permaneceu imóvel. Ao notar-lhe o rosto extremamente pálido, perguntou-se a si mesma se ele estaria vivo ou morto. No dia seguinte declarou ao marido: — Meu pai morreu ontem.

Pouco depois a notícia chegou dando conta de que morrera exatamente no instante da aparição.

Creio que não deva alongar o texto citando mais exemplos.

Não termino este capítulo, entretanto, sem passar ao leitor trechos de uma recente entrevista que a psiquiatra suíça Dra. Elisabeth Kübler-Ross prestou à revista *Muy Especial*, que se edita na Espanha, em sua edição de janeiro de 1991. A referida Dra. Kübler-Ross estudou em Zurique e desde 1963 ocupa o cargo de catedrática de Psiquiatria em Denver, Colorado (Estados Unidos da América do Norte) dedicando-se ao estudo da morte como fenômeno humano e social, daí recebendo quase 30 títulos de *honoris causa* de muitas universidades porque seus trabalhos foram rigorosamente controlados e seus livros amplamente vendidos desde 1969 sobre Tanatologia, ou seja, a ciência que estuda a morte.

Vale ressaltar que estes seus estudos envolvem pesquisas em pessoas que, depois de declaradas mortas, voltam para relatar o que viram no lado de lá.

Vejamos alguns tópicos, pois desta entrevista sensacional:

Muy Especial: Você já conversou com mais moribundos do que qualquer outra pessoa no mundo. Se há alguém que saiba algo sobre a morte, é você. Poderia dizer-nos algo a respeito?

Kübler-Ross: Com efeito, tive ocasião de falar com mais de 20 mil enfermos desenganados e também com muitos ressuscitados, ou seja, pessoas clinicamente mortas às quais se conseguiu reanimar. Por isso, a morte é algo muito natural para mim. E depois de mais de 20 anos de investigação, cheguei à conclusão de que não é o fim da vida, senão uma transição para outra vida. Depois da morte, a vida segue, mas de outra maneira diferente.

Muy Especial: Como devemos imaginar essa transição?

Kübler-Ross: Sempre recorro ao exemplo da larva da borboleta em seu casulo. Quando a larva esgota seu tempo por falta de vitalidade, deixa de existir como tal para converter-se em uma borboleta. No momento oportuno o casulo se abre e sai a borboleta. Tudo isto é simbólico, é claro.

Muy Especial: Poderia explicar-nos com uma linguagem um

pouco menos simbólica?

Kübler-Ross: Quando ao corpo falta a vitalidade, a alma o abandona. Sai do corpo, mas continua viva, continua crescendo, continua trabalhando, continua relacionando-se com os demais. Depois de mortos fisicamente, continuamos com uma personalidade muito semelhante àquela que tínhamos quando vivos.

Muy Especial: Significa isto, em sua opinião, que a nossa alma é imortal?

Kübler-Ross: Sim, a alma é imortal. Nada nem ninguém pode aniquilar.

Indagada sobre o que experimentam as pessoas ao morrer, ela responde que os casos são distintos, no entanto, apesar de fatores que se repetem em todas as culturas e religiões, a principal coincidência é a de que todos descrevem a morte como experiência doce e positiva. A maioria dos ressuscitados eram conscientes de que se encontravam no umbral da morte. Logo, de repente, saíam do corpo e muitos puderam observar-se a si mesmo, ou melhor, a seus corpos na cama do hospital, na sala de cirurgias de emergência ou ainda presos entre os restos dos carros acidentados, consoante a maneira pela qual havia acontecido a morte.

Outra pergunta muito interessante lhe fez a revista: Continuam as almas do mais além presentes no mundo terreno?

Kübler-Ross: Se tivermos assuntos pendentes como filhos pequenos ou se a família não está preparada para aceitar nossa perda, sim, ficamos presos ao mundo material. Todavia, as almas do mais além têm seus próprios assuntos a resolver e por isso se vão desprendendo do mundo terreno. Todos temos uma missão se não terminada aqui, continua além.

Eis o testemunho pois de uma cientista, do qual podemos tirar várias conclusões de alta valia se quisermos ser felizes:

1) enquanto no corpo, o Espírito estava encarnado. Ao deixá-lo, ele desencarna, é um Espírito desencarnado, terminologia espírita que passarei a utilizar daqui para a frente;

2) a morte, ou seja, a separação do corpo do Espírito não é o

fim pois que esse último inicia outra modalidade de vida com sua personalidade semelhante à que teve na Terra;

3) se o Espírito não executou na vida orgânica tudo quanto deveria executar, prosseguirá a trabalhar no mundo espiritual.

Para então finalizar este capítulo, apenas tenho a dizer que estes exemplos e este depoimento da psiquiatra suíça Elisabeth Kübler-Ross, de modo algum serão estímulo ao suicídio. Não e não mesmo! O suicida não teve uma morte natural. Pelo contrário, ele rompeu os laços que o ligam ao corpo e por isso mesmo, além de ter a dura decepção de ver que continua vivo, do outro lado ele sofrerá muito em decorrência de seu gesto tresloucado.

Já Kardec no livro *O Céu e o Inferno* nos mostra como estes Espíritos relatam seus padecimentos no plano espiritual, presos às vezes aos restos em decomposição, sentindo dores inenarráveis.

Então, não vale a pena pensar em suicídio que ele não soluciona coisa alguma. Agrava todo nosso porvir. Em verdade, quem lança mão do suicídio é alguém que está profundamente desesperado, descrente de tudo e de todos, num profundo estado depressivo, daí merecer apoio moral, amparo psicológico, atendimento médico, socorro imediato, ajuda para que ele supere a crise emocional ou encare com fé em Deus o seu problema e o alertamento fraterno de que, se pensa que vai encontrar na autodestruição a solução para suas dificuldades, engana-se redondamente. O suicídio não resolve as angústias de ninguém. Diante da vida somos tanto mais responsáveis quanto maior for nosso conhecimento acerca de tudo o que acabamos de ver. Em razão disto, morte só é experiência doce e positiva, como disse a médica suíça, quando o indivíduo procurou viver na Terra sem prejudicar o semelhante, sem guardar ódio contra o próximo, nem abusar da saúde, do poder político, da fama social, da inteligência, quer dizer, da cultura acadêmica, das disponibilidades financeiras. A morte do justo, daquele que procurou ser um homem honesto, é realmente serena, tranqüila. Mas o mesmo não se dá com relação aos que praticaram a maldade, agiram com desfaçatez, afivelaram a máscara da hipocrisia, deram vazão a seus instintos inferiores degradantes. Só são socorridos depois de arrependidos.

Como já tive ocasião de dizer antes, aqui vale a verdade de sempre: a vida nos dá de conformidade com as nossas ações. Se eu lançar no solo sementes de uva, não haverei de colher figos. Cada qual recolhe o que semeia. Se o homem de bem é recebido por seus familiares e pelas criaturas que lhe receberam auxílio amoroso, o malfeitor é perseguido pelas suas vítimas. É exatamente nisto que consiste o céu e o inferno, a alegria da consciência tranqüila ou o desassossego de uma consciência acossada pela culpa.

E aos corações maternos (e também paternos) que perderam seus filhos em tenra idade ou no verdor da juventude, aceno com esta consolação: na medida de seu merecimento individual, estes Espíritos, que regressam ao Além ainda crianças ou rapazolas, são assistidos por companheiros abnegados, enfermeiros e professores, encaminhando-os para escolas e hospitais de refazimento, como nos demonstram as comunicações que muitos deles enviam aos familiares reconfortando-lhes os saudosos corações.

Leituras complementares

Como sempre, você poderá encontrar mais informações nestes livros, além de outros:

1 — *Depois da Morte* — de Léon Denis.

2 — *O que é a Morte* — de Carlos Imbassahy.

3 — *A Vida no Outro Mundo* — de Cairbar Schutel.

4 — *Educação para a Morte* — de José Herculano Pires.

5 — *Como Vivem os Espíritos* — de Antonio Fernandes Rodrigues.

6 — *Os Mortos Acordam os Vivos* — de Mário Tamassía.

7— *O Martírio dos Suicidas* — de Almerindo Martins de Castro.

Já Tivemos Outras Vidas?

Se o Espírito sobrevive ao túmulo, cabe a pergunta: Ele já teria tido uma vida ou mesmo outras existências antes da atual, conforme apregoam muitas correntes religiosas?

Responderei que sim... Já tivemos outras vidas, sim. Senão, como explicar as crianças-prodígio, aquelas que desde a mais tenra idade já apresentam talento muito desenvolvido nas ciências, nas artes, nos idiomas, causando espanto aos mestres, que pouco lhes teriam a ensinar, ao contrário com eles aprendendo? A Genética é incapaz de dar uma resposta satisfatória para a aptidão precoce destas crianças. O Espiritismo simplesmente vê naqueles corpos, agora ainda na fase infantil, Espíritos que trazem uma considerável bagagem de muitas experiências evidentemente anteriores porque nada se perde de tudo quanto o Espírito vai aprendendo e incorporando a seu patrimônio individual.

No entanto, como vim procedendo até aqui, prefiro dar exemplos da tese da reencarnação, como se não bastassem os testemunhos contidos na História. E até mesmo nos textos bíblicos quando, entre outras passagens, encontramos Jesus a conversar com Nicodemos mostrando-lhe a necessidade de se nascer de novo, da água (quer dizer, tomar um novo corpo material, onde a água é a substância mais espalhada) e do Espírito (renovação íntima) para entrar no Reino dos Céus. Ainda quando encontramos Jesus a dialogar com seus discípulos e estes entendendo que o Mestre dizia ser João Batista a reencarnação do Profeta Elias.

Vamos aos exemplos, então:

1º) O pastor protestante Leslie Weatherhead, comandante da

Ordem do Império Britânico, doutor em Literatura e Filosofia, no livro *The case for Reincarnation*, além de tecer comentários sobre as crianças-prodígio, acerca também da memória extracerebral, dá detalhes sobre a sensação do já visto, quer dizer, a sensação de já ter conhecido fatos e lugares, recordação esta obtida mediante o transe da hipnose ou mesmo espontaneamente.

Um caso por ele referido é de Joan Grant que, ainda muito moça, escreveu sobre o Egito de uns 3 mil anos antes de Cristo com tal profusão de dados que deixou admirados os peritos no assunto, porque tais informações só puderam ser comprovadas depois por estudos de egiptólogos no Museu Britânico.

Outro exemplo referido pelo mesmo pastor Weatherhead é sobre Annie Baker, simples doméstica de parcos conhecimentos da França e nenhuma noção da língua francesa; no entanto, hipnotizada, falava o mais escorreito francês mostrando conhecer muito bem a França de 1794.

2º) O periódico *Psychic News* relata que um casal em lua-de-mel, visitando a Áustria pela primeira vez, a noiva nervosamente aponta para um castelo antigo próximo ao Rio Danúbio insistindo em visitá-lo. Em lá chegando, sabe mais detalhes do que o zelador do prédio. Diz existir um quarto que ficou fechado durante muitos anos. O vigia alega não poderem visitá-lo porque a chave se perdera há muito tempo. Contudo, a noiva se oferece para mostrar onde está a chave. Segue com o noivo e o zelador a um local oculto, acha a chave e, indo agora em direção ao quarto trancado há anos, afirma que ali eles se depararão com dois esqueletos no solo.

A porta se abre em seus gonzos enferrujados e os esqueletos estão, de fato, no chão, ao lado de uma antiga adaga. Ela afirma:

"— Eu fui assassinada neste quarto!"

3º) Este exemplo que recolho da mesma publicação *Psychic News* é mais expressivo. Diz respeito a Iris Farczady, de apenas 15 anos de idade, filha de um engenheiro de Budapeste. Gravemente enferma, num dado momento todos pensavam que ela iria desencarnar. Mas a crise passou, ela se recuperou fisicamente; no entanto, mentalmente parecia outra pessoa. Apesar de húngara, passou a falar apenas o espanhol, sendo necessária a presença de um intérprete. Em castelhano fluente, Iris anunciou:

"— Sou a senhora Altarez de Salvio. Sou esposa de um trabalhador de Madri. Tenho 40 anos e 14 filhos. Eu estava doente e pensei ter morrido. Agora eu me vejo neste país estranho. Afinal, o que é que aconteceu comigo?"

Perplexos ficaram os cientistas que estudaram o assunto de vez que a moça podia cantar canções espanholas, preparar pratos espanhóis e descrever com minúcias ruas e prédios de Madri. Um inquérito rigoroso foi feito e se soube que, de fato, muitos anos atrás morreu em Madri, com 40 anos de idade uma senhora de nome Altarez de Salvio deixando 14 filhos.

Gradualmente a moça foi voltando a falar húngaro e seu conhecimento do castelhano e de Madri desaparecendo.

Bem, como sempre eu poderia dar mais e mais exemplos. Deixo de fazê-lo para não tornar o livro prolixo.

Uma pergunta, entretanto, deve estar brotando na mente do leitor: E por que motivo eu também não me lembro de minhas outras vidas? Por que não tenho recordação do passado?

Para responder, passo a palavra ao Espírito Emmanuel que, perfeitamente afinizado com os ensinamentos basilares de Kardec, assim escreveu pelo médium Chico Xavier, em Uberaba (Minas Gerais), em 30 de julho de 1991, esta mensagem sobre a Regressão da Memória:

"Se fomos trazidos à Terra para o nosso passado, valorizar o presente e preparar em nosso benefício o futuro melhor, por que provocar a regressão da memória do que fomos ou fizemos simplesmente por questões de curiosidade vazia, ou buscar aqueles que foram nossos companheiros, a fim de regressar aos desequilíbrios que hoje resgatamos?

"A nossa própria existência atual apresentará as tarefas e provas que, em si, são a recapitulação de nosso passado em nossas diversas vidas, ou mesmo, somente de nossa passagem última na Terra fixada no mundo físico, curso de regeneração em que estamos integrados nas chamadas provações de cada dia.

"Por que efetuar a regressão da memória, unicamente para chorar a lembrança dos pretéritos episódios infelizes, ou exibirmos grandeza ilusória em situações em que por simples desejo de leviana retomada de acontecimentos, fomos protagonistas, se já sabemos, especialmente com Allan Kardec, que estamos eliminando gradativamente as nossas imperfeições naturais ou apagando o brilho falso de tantos descaminhos que apenas nos induzirão a erros que não mais desejamos repetir?"

Caro leitor, eis aí a orientação do guia espiritual de Francisco Cândido Xavier:

"Sejamos sinceros e lancemos um olhar para nossas tendências."

Que a reencarnação é um fato, não se pode mais duvidar. Até os parapsicólogos como Ian Stevenson, dos Estados Unidos, e Barnejee, da Índia, fizeram pesquisas a respeito, escrevendo livros de circulação no mundo inteiro.

Nosso desejo é sermos felizes porque para isto é que todos fomos destinados por Deus em sua Misericórdia e em sua Justiça. Para tanto, devemos trabalhar árduo no sentido de nosso aperfeiçoamento. Se existe o véu do esquecimento, é porque sua lembrança seria um fardo pesado em nossos ombros. Cuidemos de praticar os exemplos de Jesus, seguir os seus passos, observar suas lições, construindo assim um futuro de paz para nós e para tantos quantos estão conosco nesta estrada para a frente e para o alto!

Leituras complementares

1— *A Reencarnação* — de Gabriel Delanne.

2 — *Vinte Casos de Reencarnação* — de Ian Stevenson.

3 —*A Reencarnação e Suas Provas* — de Carlos Imbassahy e Mário Cavalcanti de Mello.

4 — *Reencarnação baseada em fatos* – de Karl Müller.

Os "Mortos" Conversam Com Os Vivos

É possível os "mortos" ou desencarnados entrarem em contato, quer dizer, em comunicação com os homens, com os encarnados?

Também responderei ao meu leitor que sim e aí estaria apenas reconhecendo uma verdade que se dá ao longo de toda a História da Humanidade, dentro e fora dos meios religiosos. Inclusive na atualidade planetária, quando *médiuns* (quer dizer, homens ou mulheres, às vezes até crianças como nós de carne e osso) propiciam, dão condições para que se estabeleça este diálogo. Os médiuns podem ver, ouvir, palestrar com os desencarnados. Escrever sob sua influência. Falar sob sua ação. Até mesmo em outras línguas que o médium não conhece. E fornecer dados que poderão identificar a veracidade daquela comunicação.

Mais ainda, em havendo condições, os Espíritos podem até tomar a forma materializada e apresentar-se de modo tangível à luz do dia. Podem dar receitas médicas e mesmo operar cirurgias salvando criaturas desenganadas pela ciência médica.

Estas comunicações podem ser feitas também por meio de sonhos. Enfim, é possível este intercâmbio entre o mundo dos homens e o dos Espíritos, sim, nada havendo aí de extraordinário, de maravilhoso, de sobrenatural. Mas, como sempre, prefiro dar exemplos ao meu leitor para que ele reflita e tire suas conclusões. Para não ser prolixo, limitar-me-ei a alguns fatos. Vejamos:

1º) Mozart, cujo bicentenário de falecimento o mundo comemorou recentemente, pois faleceu (desencarnou) em 1791, com apenas 35 anos, como muitos outros músicos, foi um médium inspirado. Ele mesmo nos deu testemunho através de suas confissões onde dizia: "Não ouço, em minha fantasia, uma parte após outra, mas tudo de uma só vez. Outras vezes, os pensamentos me invadem. Donde vêm ou como são, não está em mim dizê-lo."

Em carta dirigida a um amigo que lhe indagava como compunha, disse: "Não posso te dizer verdadeiramente, a esse respeito, senão o que segue... Os pensamentos musicais me vêm em abundância. Ignoro donde procedem e como me chegam; nisto não tem minha vontade a menor intervenção".

Na verdade, caro leitor, esta mediunidade, Mozart apresentou até o final de sua vida terrena. O seu famoso Réquiem teve origem mediúnica e aparece assim o registro em sua biografia:

"Mozart repousava em seu leito, quando de repente ouviu suaves melodias. Chamou uma pessoa amiga e lhe disse: — Estou ouvindo música. O amigo, evidentemente, nada ouvia. Então, arrebatado, Mozart começou a compor a nova peça, que lhe seria a última. Ao terminar, chamou sua filha e, mostrando-lhe o manuscrito, disse: — Vem, Emelia, minha tarefa está cumprida; terminei meu Réquiem. Emelia tomou o manuscrito, entoou algumas passagens e, ao voltar sorrindo para seu pai, o achou morto, com um sorriso nos lábios."

2º) Não me será necessário citar o exemplo de um Chico Xavier nem de um Divaldo Franco, nomes conhecidos no mundo inteiro, ambos médiuns que durante muitos anos receberam de diferentes autores espirituais (Emmanuel, André Luiz, Irmão X, Joanna de Ângelis, dentre os mais citados), dezenas de livros a respeito dos mais variados assuntos literários, científicos, filosóficos, morais. Isto além de muitas mensagens de seres que partem para o outro lado, não raro ainda jovens, em acidentes automobilísticos, fornecendo detalhes identificadores, completamente desconhecidos pelos médiuns, mensagens estas de consolo aos familiares que, na Terra, ficam saudosos e muitos até em desespero.

Nestes casos, é-me forçoso declarar aqui que nem sempre é possível ao Espírito dar esta comunicação. Dou inclusive um exemplo esperando com isto consolar algum leitor que espera notícias de um parente já desencarnado. Será um fato extraído de um artigo de Carlos Imbassahy e que, em síntese, diz assim:

Conta-nos Glanville em *Sadducismus Triumphatus* que o Major Sydenham e o Capitão Dyke estabeleceram um trato: aquele que morresse primeiro, ao outro se apresentaria na casa do Major, três dias após a desencarnação. Bem, morre o Major e Dyke, no prazo estabelecido, se desloca à casa do morto. Mas o outro, nada! *Deu o bolo*, como se diz na linguagem coloquial. Imbassahy em sua verve muito característica diz: Não deu sinal de vida nem de morte. Já estava compreensivelmente desiludido o Capitão quando seis semanas mais tarde, lhe aparece o "morto" dizendo não lhe fora possível cumprir conforme o ajustado, porém ali estava agora, atrasado, assegurando estar vivo como antes. A vida continuava mesmo...

Em contrapartida, Cairbar Schutel desencarnou em 1938, após uma vida toda ela voltada para o Espiritismo e a Caridade. Carioca, deixou a Cidade Maravilhosa fixando-se no interior paulista, Matão, numa época em que, ser espírita era ser tido como filho de Satanás, merecendo perseguição e, se fosse médium, até mesmo cadeia, como aliás ocorreu anos mais tarde com Zé Arigó, sobre quem escreverei mais adiante. Voltemos a Schutel. Enquanto seu corpo estava sendo velado na sala de sua casa, hábito muito comum nas cidades pequenas, em outro quarto estavam reunidos diversos amigos seus como o dentista Urbano de Assis Xavier, Ítalo Ferreira e José Maria Gonçalves, além do seu médico e de sua enfermeira. Em um dado momento estas pessoas resolvem fazer uma prece. É então que o dentista citado (Urbano de Assis Xavier), médium de absoluta confiança, dá uma comunicação. Espírito comunicante: nada mais, nada menos do que Cairbar Schutel, cujo corpo estava sendo velado na sala da mesma casa. Mais detalhes, ver o livro *Cairbar Schutel na Intimidade*, de Sérgio Lourenço. Aliás, Sérgio Lourenço sempre enviou muitas cartas para mim, cheias de alegria e fraternidade. Faleceu em agosto de 1990. Pouco tempo depois já estava enviando uma mensagem de reconforto para a esposa, dona Zita Lourenço, através de Divaldo Franco.

3º) Não me será necessário citar o exemplo de um Jorge Rizzini, jornalista e escritor de São Paulo, recebendo músicas de compositores famosos da nossa Pátria, já desencarnados, como Noel Rosa, Ataulfo Alves, Lamartine Babo, Ary Barroso; o exemplo de Rosemary Brown, na Inglaterra, recebendo músicas de compositores famosos no mundo da arte clássica e romântica, as quais foram até transmitidas pela BBC de Londres, e tradicional rede de rádio da Grã-Bretanha; o exemplo de Luiz Gasparetto que, em questão de poucos minutos, utilizando ambas as mãos e às vezes até mesmo os pés, pintando telas de pintores já falecidos, inclusive tais fatos acontecendo diante de câmeras de televisão na Europa e nos Estados Unidos da América do Norte.

4º) Não me será necessário citar o exemplo de um Zé Arigó ou de um Dr. Edson Queiroz, ambos recebendo a influência de um Espírito que fora alemão, Dr. Fritz, realizando cirurgias que atraíram a atenção de todo o mundo científico ainda nesta segunda metade do nosso século XX, curando pessoas consideradas desenganadas pela ciência oficial.

5º) Faz algum tempo o jornal *O Globo* apresentava uma reportagem segundo a qual dois rapazes assaltaram uma loja de eletrodomésticos, assassinando o vigia (deu-se o fato em 1982). A Justiça não conseguiu prender os assassinos. No entanto, a vítima passou a perseguir os criminosos durante o sono dizendo que os entregaria à polícia. Prometeu que só os deixaria sossegados depois de detidos.

No começo os delinqüentes resistiram. Não obedeciam ao fantasma. Contudo, com o passar do tempo, após quatro anos de noites mal dormidas, os meliantes acabaram entregando-se à Justiça não suportando os pesadelos que os levavam ao esgotamento físico. Condenados à prisão, os dois rapazes nunca mais foram visitados pelo fantasma que cumpriu com sua promessa. Tal fato se deu em Sete Lagoas, interior de Minas Gerais.

Poderá alguém argumentar: "— Mas isto é coisa da roça, de pessoas ingênuas, supersticiosas, às voltas com o subconsciente intranqüilo, com a consciência desassossegada. Não quer este exemplo dizer nada."

A quem vier com esta argumentação, então citarei outro exemplo mais recente, estampado no *Jornal do Brasil* de 8 de março de 1992, noticiando que fantasmas são vistos pelos funcionários que trabalham numa repartição pública dentro da capital bandeirante onde foram torturados e mesmo mortos durante a repressão militar de 64 inúmeros presos políticos. Ao ler esta notícia no JB, lembrei-me das famosas casas mal assombradas que existem em Londres.

6º) Na ocorrência verificada em Sete Lagoas, interior de Minas Gerais, percebeu-se que os criminosos foram perseguidos por um Espírito. Sim, pode ocorrer esta perturbação espiritual trazendo-nos muitas dificuldades, como o leitor terá oportunidade de ler na segunda parte deste livro, bem como sugestões para evitá-la e afastá-la. Mas... poderemos ser beneficiados por algum Espírito? Pode o desencarnado auxiliar-nos em nossa vida à face da Terra?

Para responder a esta pergunta do leitor, como venho procedendo, valho-me de exemplos. E desta vez extraído breve relato de um livro não-espírita, de fama internacional. Trata-se da obra *O Poder do Pensamento Positivo*, do pastor Norman Vincent Peale. O relato aparece no capítulo 16 (Receita para a amargura) e que se resume assim:

Há muitos anos, um missionário partiu para as ilhas do Mar do Sul a fim de desempenhar seu trabalho junto a uma tribo de canibais. Após alguns meses conseguiu converter o chefe ao Cristianismo. Pois bem, certo dia este chefe perguntou ao missionário cristão:

— O senhor se lembra do dia em que nos procurou pela primeira vez?

— Se me lembro, respondeu o missionário. Ao atravessar a floresta, tive a sensação de que forças hostis me cercavam por todos os lados.

— De fato, elas o cercavam, pois nós o estávamos seguindo para matá-lo, mas qualquer coisa nos impediu de fazê-lo, confessou o chefe.

— E o que foi? Indagou o missionário.

— Agora que somos amigos, diga-me quem eram aquelas duas figuras brilhantes que caminhavam a seu lado?

Eis aí, caro leitor, exemplo expressivo, de uma obra não-espírita, mostrando como o mundo espiritual pode perfeitamente proteger os homens à face da Terra, sobretudo quando somos movidos por um nobre ideal.

Sei que o capítulo já vai longo. Perdão, mas tenho de estendê-lo um pouco mais para dar ao meu leitor a mecânica (vamos dizer assim) deste diálogo, desta comunicação que os "mortos" estabelecem com os vivos.

Na composição da personalidade humana, há, como já vimos, uma individualidade que é o Espírito, o qual já teve outras vidas e novas vidas ainda terá. Ou por outra, somos um Espírito vestindo temporariamente um corpo material, que voltamos ao mundo para adquirir novas experiências na construção de um futuro melhor.

Pois bem, entre o corpo material e o Espírito há um intermediário a que Allan Kardec deu o nome de *perispírito*. Trata-se de um corpo semimaterial ou energético do qual o Espírito não se desvencilha com a morte. Muito ao contrário, este perispírito (ou corpo espiritual) acompanha o Espírito em seu regresso ao mundo invisível; e irá inclusive servir de molde para a elaboração do corpo da nova encarnação.

Sendo assim, o corpo que temos agora é moldado em cima do perispírito que, aliás, guarda todas as aquisições do Espírito na longa fieira das vidas sucessivas. Quando envergando o corpo material, o Espírito manifesta emoções, tem sentimentos, exterioriza sua vontade; e todo este conjunto de vibrações do *eu* individual imprime cores e formas no perispírito como que criando uma atmosfera psíquica em derredor do indivíduo, a que se dá o nome de *aura*.

Por exemplo, na definição do Yogi Kharishnanda, citado pelo jornalista e escritor Aureliano Alves Netto, no livro escrito de parceria comigo, *Caminho de Luz* , a aura é o campo energético que circunda o corpo físico e está colorido pela tônica vibratória da energia, segundo o desenvolvimento do psíquico do indivíduo e as forças vitais do corpo.

Resumindo, eu diria que é exatamente este perispírito que propicia o diálogo, o intercâmbio, a comunicação entre "mortos" ou desencarnados e os vivos, nós, que estamos ainda no mundo corpóreo. E para que ninguém venha a dizer que estamos filosofando no vazio das meras especulações, diríamos que esta aura já foi fotografada graças ao trabalho do casal russo Semion e Valentine Kirlian dando-lhe o nome de corpo bioplásmico. Logo, não se trata de nenhuma invenção dos espíritas.

E se dei o nome deste cientista russo da atualidade, é hora de dizer também que tudo quanto foi exposto aqui já foi muitas vezes documentado, desde Kardec até os nossos dias, mediante pesquisas rigorosamente levadas à frente por cientistas de renome mundial, como por exemplo Crookes, Aksakof, Bozzano, Delanne, Flammarion, Geley, Richet, Gibier, Lombroso, Vesme, Schiaparelli, Ochorowicz, Crawford, Thomas Alva Edison, Robert Dale Owen, Frederic Myers, Conan Doyle, Victor Hugo, Léon Denis, Oliver Lodge, William Stainton Moses, Benjamin Franklin, Coronel de Rochas, Barão de Guldenstubé e é bom eu parar por aqui. E isso sem falar dos mais recentes parapsicólogos como Joseph Banks Rhine, como Ian Stevenson, como Barnejee, como Puharich, Carington, como Vasiliev, como o brasileiro Hernani Guimarães Andrade, envolvendo um enorme número de médiuns (ou sensitivos) como Daniel Home, Eusápia Paladino, Madame d'Espérance, Sra. Eleonora Piper, o brasileiro Mirabeli, o também brasileiro Eurípedes Barsanulfo, o igualmente patrício Peixotinho, a nossa patrícia Ana Prado, Miss Florence Cook, Nina Kulagina, etc., etc., etc.

7º) A fim de sedimentar mais ainda nossas convicções, os Espíritos até se valem de instrumentos para documentar sua presença entre nós. Eu poderia arrolar uma grande cópia de exemplos. Receio tornar-me prolixo, daí responder com ligeiros exemplos. Vejamos mais alguns.

Só no Brasil mais de 5 milhões de pessoas assistiram ao famoso filme *Ghost — Do outro lado da Vida* (sendo que *ghost* quer dizer exatamente fantasma, em inglês). Alguém poderá dizer que se trata de mais uma película de ficção científica para fazer-se campeão de bilheteria. Pois bem, há fatos recentíssimos que mostram ser de fato aquela a realidade do mundo espiritual. Como disse, vejamos exemplos concretos.

O jornal *Two Worlds*, que se edita há anos na Inglaterra estampou o aparecimento de um Espírito com admirável nitidez num grupo fotográfico de família. O fotógrafo, que fez este registro, era um negociante comum estabelecido em Tarutino, Bessarábi, na

Rússia e uma senhora, esposa de um fazendeiro, pediu-lhe tirasse uma fotografia de suas três filhas. Agiu como lhe pediram: agrupou as três meninas, fotografou-as, revelou a chapa enviando assim os resultados para os pais sem perceberem nada de anormal. A família, a princípio, pensou em devolver-lhe o material porque ali apareciam quatro pessoas; o fotógrafo teria cometido alguma distração, usara filme inadequado. Todavia, depois, a família percebeu que a quarta figura era exatamente de um filho mais novo, falecido há algum tempo! E tendo sido rigorosamente examinada por muitos peritos no assunto, eles chegaram à conclusão de que não havia nenhum truque, nenhum sinal de uso inadequado do filme e não souberam estes técnicos explicar como ali aparecera aquela criança morta!

Vale acrescentar que o mesmo se deu quando da filmagem da película *Três Solteirões e um Bebê*. Em determinado momento de uma cena aparece uma criança de mais ou menos 10 anos que não estava no *script* do filme. Não fazia parte do roteiro! Veio-se a saber, depois, que aquela cena fora filmada no apartamento emprestado por uma senhora que *perdera* seu filho há algum tempo. Quer dizer, a criança morava ali e resolveu então o Espírito dar prova da existência de uma vida depois da morte apresentando-se como artista *não-convidado* naquele filme!

E se estou a citar este registro em fotos e até em filmes, posso ir mais longe com novas ocorrências nas quais os Espíritos se valem da nossa atual tecnologia para pôr-se em contato com os homens.

8º) Konstantin Raudive apresentou num congresso de parapsicologia um relatório sobre 30 mil das 80 mil gravações que ele obtivera, em fita cassete de desencarnados, a começar pela entidade que se identificou como sendo Margarete, moça que fora empregada de sua mãe por muitos anos e havia morrido há pouco tempo. Aliás, o descobridor destas gravações das vozes do Além foi o estoniano Jurgenson, em 1959, na Suécia, como o leitor poderá ler no livro *Telefone para o Além*.

Nos Estados Unidos da América do Norte, Kenneth Wilcoxon inventou um aparelho a que deu o nome de "escrevedor psi" acoplando o comando de diversas teclas móveis assinaladas com as letras do alfabeto a uma máquina-de-escrever elétrica através de um monitor eletromagnético; e assim lhe foi possível receber mensagens do Grande Além.

Tendo à frente o engenheiro George W. Meek, um grupo de especialistas da área mais sofisticada da Eletrônica conseguiu desenvolver o SPIRICOM, ou seja, um dispositivo que permite o contato dos desencarnados com os homens mediante aparelhos, ouvindo-se vozes, palavras em vários idiomas. Integrando-se à equipe do Dr. Meek, Jonh O'Neil aprofundou os trabalhos e conseguiu-se um passo mais adiante com a criação do VIDICOM através do qual se obtiveram imagens dos Espíritos numa tela de televisão. Muitos outros pesquisadores e aparelhos estão sendo assunto desta modalidade de diálogo entre os "mortos" e os vivos, de sorte que, para não tornar enfadonho nosso capítulo, remeto o leitor amigo à leitura do livro *Transcomunicação*, da lavra de Clóvis S. Nunes.

Com amparo nos livros de Allan Kardec, eu, como espírita, devo dizer ao leitor que:

a) Tais fenômenos se enquadram na categoria de *efeitos físicos*, enquanto a psicografia, a psicofonia (ou a incorporação, como o povo conhece mais amiúde) e outros mais são fenômenos inteligentes, num paralelo com a Parapsicologia onde se levam em conta os fenômenos *psi-kapa* para aqueles de efeitos físicos e os fenômenos *psi-gama* para estes inteligentes;

b) Mesmo em se utilizando os aparelhos mais modernos para esta comunicação com o mundo espiritual, ainda assim será sempre preciso haver a participação de um médium (ainda que ele nem se dê conta disto ou esteja no ambiente) que forneça material dele, médium, o ectoplasma, para que o "telefone" toque de lá para cá, como diz Chico Xavier;

c) Poderia a Humanidade inteira admitir tudo isto e continuar a enfrentar seus problemas e suas dificuldades se não houver aquele desejo sincero de reforma íntima fazendo com que as palavras, os ensinos de Jesus inspirem nosso proceder, nosso falar, nosso pensar, em contato com os demais companheiros de viagem terrena.

E para finalizar esta primeira parte, acrescentarei que é aceito em Espiritismo, sobretudo com base no que dizia Jesus, haver vida em outros planetas, ainda que não seja uma vida organizada dentro do modelo que conhecemos na Terra. Poderá ser vida em outras modalidades. E a ciência já vai admitindo isto. Como gosto de trabalhar em cima de exemplos, encerro este capítulo e esta parte do livro com dois depoimentos insuspeitos:

I — Carl Sagan, astrônomo da Universidade de Cornell, Nova Iorque, diz que, diante de um Universo com 100 bilhões de galáxias, cada uma delas composta de milhões de estrelas, a idéia de que o sol de nossa galáxia, que nada é em relação ao Universo, seja a única estrela a ter um mundo com vida chega a ser uma idéia risível.

II — Frank Drake, da Universidade da Califórnia, calcula até que exista vida inteligente em outra parte do Universo, sim, possibilidade, diz ele, de 100% se for baseada na idéia de que a evolução química que produziu a vida na Terra (teoria do russo Opárin) levou pelo menos 2,5 bilhões de anos para chegar ao homem e, pelo Universo, existe uma quantidade expressiva de astros com mais de 25 bilhões de anos... Assim, lá, a vida estaria até muito mais adiantada que a nossa, caso as condições sejam semelhantes para que o mesmo processo acontecesse.

Bem, o assunto comportaria maior aprofundamento. Porém, foge este estudo ao que se destina este livro. Fico por aqui.

Leituras complementares

1— *O que é o fenômeno mediúnico*? — Hermínio Corrêa Miranda.

2 — *Grandes Vultos da Humanidade e o Espiritismo* — Sylvio Brito Soares.

3 — *Animismo e Espiritismo* — Alexander Aksakof.

4 — *Eurípedes Barsanulfo, o Apóstolo da Caridade* — Jorge Rizzini.

5 — *Visão Real do Fato Mediúnico* — Celso Martins.

6 — *O Espiritismo Explica* — Aureliano Alves Netto.

7 — *Animismo ou Espiritismo* — Ernesto Bozzano.

8 — *Curas Espirituais* — Aureliano Alves Netto.

9 — *Lindos Casos de Chico Xavier* — Ramiro Gama.

10 — *Mediunidade* — José Herculano Pires.

Muitos outros livros poderiam ser citados. Mas acima de tudo aconselho o estudo atencioso das obras de Kardec, já mencionadas num capítulo anterior, mas vale a pena relembrá-las:

1) *O Livro dos Espíritos;* 2) *O Livro dos Médiuns;* 3) *O Evangelho segundo o Espiritismo*; 4) *O Céu e o Inferno*; 5) *A Gênese;* 6) *Obras Póstumas* e 7) *Coleção da Revista Espírita,* do ano de 1858 a 1868.

Segunda Parte

Problemas Espirituais?... Como Resolvê-los

Nesta segunda parte, o leitor encontrará alguns subsídios para entender melhor as situações difíceis em que porventura se encontre, essas situações que sempre têm afligido tantas criaturas na Terra, ainda mesmo atualmente quando a ciência está tão adiantada, a tecnologia tão avançada, conhecendo o átomo e o Universo.

Não irei apresentar nenhuma "fórmula mágica"porque esta fórmula miraculosa simplesmente não existe. Apenas tentarei, de bom grado, dar-lhe, à luz da compreensão e do entendimento do Espiritismo, alguns elementos para cada um de nós (eu não posso nem quero fugir à regra geral), consolado e esclarecido, construir a sua felicidade, nesse natural anseio que todos temos de ser felizes. Desde já afianço uma verdade: estamos destinados a ser felizes. Todos! Mas para isto será preciso que tenhamos disposição para a luta, paciência ante as adversidades, persistência ante os obstáculos, amor ao semelhante e profunda fé em Deus.

Nem Sempre a Culpa é Deles, Não!

Muita gente, porque acossada por alguma dificuldade, por exemplo, uma doença crônica que não se resolve a despeito do melhor atendimento médico, um desastroso relacionamento familiar, uma sensação de insegurança ou de inferioridade, procura uma casa espírita (ou mesmo um ambiente dos chamados cultos afro-brasileiros), com a firme convicção de que está debaixo de uma tremenda perturbação espiritual. Quer alívio rápido. Não suporta mais aquele "obsessor". O médium tem de ter solução pronta para aquela sua problemática.

Muito comum esta situação que pintei em linhas gerais.

Com efeito, como ainda teremos oportunidade de examinar nos capítulos subseqüentes, é possível ali haja alguma influência espiritual, algum Espírito sofredor fazendo também sofrer o encarnado que não vislumbra uma luz no fim do túnel. Estaria num beco sem saída!

Claro que esta criatura está sofrendo. Não estou pondo isto em dúvida, não. Sofrendo e sofrendo muito. Merece consolo e esclarecimento. Não se nega um pedaço de pão a quem tem fome. Um copo dágua a alguém que chega sequioso até nós e conta com o nosso auxílio.

É o que estamos aqui tentando com este livro.

Todavia — não se pode atribuir aos Espíritos inferiores tudo quanto aconteça ou ocorra de desagradável em nosso viver terreno.

Vejamos alguns exemplos do que quero dizer:

1º) Você sabe que não pode ou não deve beber. Vem a sucumbir de cirrose hepática ou de pancreatite. Adquire o *delirium tremens* ou o *béri-béri,* inflamando-se-lhe os nervos dos braços e das pernas. Deteriora-se a sua faculdade de raciocínio. Você provoca um grave acidente no trânsito ou comete um crime. De quem é a culpa?

2º) Você sabe que não pode ou não deve fumar. Passa a inalar a nicotina, o benzopirene, o alcatrão, o monóxido de carbono e muitas outras substâncias danosas ao corpo. Prejudica quem está a seu lado e no final da vida está com um câncer nos lábios ou na laringe, um câncer nos pulmões ou sofre as seqüelas do enfisema pulmonar com a sensação de que está afogado no seco. De quem é a culpa?

3º) Já lhe disseram que não abusasse na mesa ingerindo muita gordura bovina. Mas você nem se deu por avisado. Continua com vida sedentária. O nível do seu colesterol sangüíneo sobe muito além do que seria normal. De quem é a culpa?

4º) Intransigente, querendo fazer valer sempre a sua opinião, você se irrita com facilidade por ninharias. Aborrece-se por questões que poderiam ser até ignoradas ou então resolvidas com cortesia, com fraternidade, com amistosidade e não animosidade. A taxa de adrenalina sangüínea também sobe, você fica pálido com uma súbita e desnecessária vaso-constrição periférica dos capilares, atirando uma carga adicional de sangue no coração, cujo ritmo já está acelerado, e você tem aumentada a pressão arterial. Ou então, deixa--se ferir na mucosa gástrica instalando-se uma úlcera péptica aí ou mais adiante, no duodeno. De quem é a culpa, meu amigo?

5º) Na ânsia desmedida de ser sempre aquele que leva vantagem em tudo na selva violenta do mundo dos negócios, desejando ser sempre o vencedor, não pensando duas vezes se são lícitos ou ilícitos os meios de que se vale para atingir logo seus objetivos, entrando na crista da onda do consumismo, hipervalorizando o *ter* em detrimento do *ser* — e em razão disto, acaba nas garras do estresse, do esgotamento físico e mental; ou então, perante um insucesso, um fracasso, uma derrota, entra em depressão, na "fossa",quando não apela para os tóxicos como uma fuga, uma evasão da realidade que não lhe agrada, eu, sem querer ser impertinente, outra vez interpelo: De quem é a culpa?

6º) Agora é assim: você nutre inveja gratuita ou insidioso ciúme contra seu vizinho. Ou dardeja sobre ele vibrações de ódio porque ele lhe fez um pequeno malefício, alegrando-se quando o vê em dificuldades. Passa a ter uma insônia rebelde que não se deixa vencer pelos ansiolíticos ou tranqüilizantes. Ou a queixar-se de uma persistente dor de cabeça que não é decorrente de uma cárie dentária, de um processo de sinusite nem de deficiência visual. De quem é a culpa?

7º) Não me leve a mal, não quero intrometer-me em sua vida particular. Não tenho direito de devassar a privacidade de ninguém. Mas você abriu este livro para ser auxiliado. Estou querendo ajudá-lo, daí a questão que agora ponho em foco. Você alega que não consegue sofrear seus impulsos libidinosos, ao contrário até, procura satisfazê-los na ânsia de gozar a não mais poder todos os gozos que a carne pode oferecer. Muito bem. Numa destas esquinas da vida adquire uma doença sexualmente transmissível. De quem é a culpa?

8º) Outro aspecto da mesma questão anterior: a mulher, sem o pronto e firme amparo do parceiro, acaba engravidando-se. Pratica o aborto porque aquela gravidez é de todo indesejável. Perderia o emprego. Se solteira, os pais não a aceitariam em sua casa com o filho nos braços. Pratica o aborto e aí advêm-lhe algumas seqüelas senão físicas mas também emocionais. Perdão, sei que você está fragilizada, não quer reprimendas, espera uma palavra amiga. Quero dar-lhe esta palavra amiga por entender a situação, não concordando, porém, com o seu ato. Mas, poderemos atribuir a algum Espírito isto que agora você sente?

9º) Há pessoas que se dão ao cúmulo de proferir, por questão de hábito, palavrões gratuitamente, sem ter o mínimo cuidado de atentar para o local onde se encontram, ferindo os tímpanos dos que não admitem este estilo de vida. Sentem, depois, um mal-estar ou este desconforto é sentido por alguém de sua família, quase sempre uma criança, devido aquela atmosfera asfixiante de vibrações inferiores ou de pensamentos de revolta. Poderíamos atribuir a algum Espírito esta situação incômoda?

10º) Para não me alongar, vejamos uma última possibilidade: Pessoas há que, de fato, trazem agora atormentados os seus corações e a mil suas cabeças. Mas antes esbanjaram suas vidas, gastaram o dinheiro em futilidades, desperdiçaram suas horas em conversas inúteis, retaliando a honra alheia, no cultivo da "fofoca", não ouvindo os conselhos que se lhe procuraram dar. Agora, sentem-se com a sensação de um vazio em seu interior, não têm uma perspectiva mais alegre para o futuro, sobretudo se se avizinha a velhice. Seria uma impropriedade enorme atribuir suas angústias a algum Espírito inferior.

Não estou de modo nenhum a atirar a primeira pedra contra quem quer que seja. Eu também errei e ainda erro muito, arrumando sarna para me coçar. Quer dizer, tenho telhado de vidro! Por isso, também sinto dificuldades, enfrento obstáculos, sou limitado, sofro dores, mas não me deixo abater. E você de igual maneira não poderá sentar à beira da estrada, sob o peso do desânimo. De nada valc chorar o leite derramado.

Vamos em frente e para o alto, do passado apenas recordando aquilo que nos servir de experiência a fim de não mais repetir os mesmos erros, não incidir nos mesmos equívocos. Deus sempre abre a porta da reabilitação a todos os seus filhos. Nisto é que consiste o seu perdão: são-nos oferecidas "n" oportunidades para corrigir e progredir. Fomos destinados a sermos todos felizes. Todos.

Mas com o suor de nosso rosto e com a proteção de amigos encarnados e desencarnados. Não seria prudente nem atirar-nos sem ponderação ao trabalho de construir a nossa felicidade atabalhoadamente, nem adiar indefinidamente esta tarefa que é nossa para que o mérito seja igualmente nosso.

Encerrando este capítulo, que inicia esta segunda parte deste livro, transcrevo uma comunicação do Espírito André Luiz, através do médium Francisco Cândido Xavier, na reunião da noite de 15 de maio de 1978, em Uberaba (Minas Gerais) onde ele diz assim: *De Parte a Parte*:

"Não esmoreça ante os obstáculos do caminho de elevação.

"Terá você perdido valores materiais de alta expressão? Prossiga nos encargos que a vida lhe confiou e através das suas outras atividades no bem, Deus lhe doará outros de maior importância.

"Está você doente? Não olvide tratar-se com os recursos ao seu alcance e Deus lhe restaurará, tanto quanto possível, as suas disponibilidades de saúde.

"Desgostos e contratempos? Entregue-se ao serviço, em favor dos semelhantes, e Deus lhe dissipará qualquer sombra do coração.

"Ofensas e injúrias? Perdoe sinceramente, sejam quais sejam, e Deus auxiliará você a esquecê-las.

"Provações e amarguras? Recorde quanto bem você pode realizar com o tempo ou com os recursos, ao seu dispor, e Deus transformará seus desenganos em novas alegrias.

"Terá você cometido algum erro? Procure conscientemente reparar a própria falta, e Deus lhe dotará o coração com as oportunidades e meios de corrigenda.

"Algum problema difícil? Busque atuar invariavelmente para o bem, e Deus lhe orientará os pensamentos e os passos para a melhor solução.

"Não tema atropelos ou embaraços na experiência em que

se encontra, porque se você caminha na existência oferecendo aos outros o melhor de você mesmo, Deus proverá sua vida com todos os agentes que se lhes façam necessários à paz.

"Em qualquer dificuldade ou atribulação em que se veja, continue agindo para o bem, entregando ao próximo a sua parte de trabalho e paciência, boa-vontade e compreensão e estejamos convencidos, em qualquer tempo, de que nunca nos faltará a parte de Deus."

Leituras complementares

1 — *Eu sou o Caminho* — Cenyra Pinto.

2 — *O Primado do Espírito* — Rubens Romanelli.

3 — *Minutos de Sabedoria* — Carlos Torres Pastorino.

4 — *Coragem* — médium Chico Xavier (diversos autores espirituais).

5 — *Amigo* — médium Chico Xavier (Emmanuel).

6 — *Agenda Cristã* — médium Chico Xavier (André Luiz).

7 — *Otimismo* — médium Divaldo Franco (Joanna de Ângelis).

8 — *Momentos de Decisão* — médium Divaldo Franco (Marco Prisco).

9 — *O Homem e sua Felicidade* — Carlos Toledo Rizzini.

10 — *Vida Feliz* — médium Divaldo Franco (Joanna de Ângelis).

Atritos Familiares

Inúmeras são as criaturas que atravessam graves crises familiares, desembocando no abandono do lar, na separação do casal, quando não vivem marido e mulher debaixo do mesmo teto mas mutuamente se massacrando, se maltratando, com violentas discussões, agressões corporais e até mesmo daí decorrendo crimes lamentabilíssimos. Isto sem nos lembrar dos casos de traição e adultério. Infelizmente eu não posso tapar o sol com a peneira, por não existir uma compreensão do sentido maior da vida como estágio de evolução moral. Tudo em função da falta de um amadurecimento e conscientização do que seja a experiência carnal como oportunidade preciosa de cada um construir sua própria felicidade e a felicidade das criaturas que nos rodeiam.

Às vezes podemos dizer serem estes atritos familiares desencontros com raízes no passado reencarnatório. Isto mesmo, debaixo do mesmo teto se reúnem Espíritos mutuamente compromissados. A Misericórdia de Deus fá-los aproximarem-se e, mediante o providencial esquecimento do que se foi, tentarão agora transformar as velhas algemas de ódio em suaves laços de amor.

Como gosto de fazer, passo a dar um exemplo concreto. Será uma síntese do que nos relatou Dr. Inácio Ferreira, fundador e diretor do Sanatório Espírita de Uberaba, Minas Gerais.

Um ancião é trazido, aos 64 anos de idade, para ser tratado

ali, depois de frustradas outras tentativas com outros médicos. O filho que o traz explica que o pai sempre fora um bom chefe de família numerosa, a tudo se sacrificando para o benefício dos seus entes queridos.

Mas de um ano para cá, já avô de vários netos, passou a hostilizar abertamente a esposa de quem passou a ter um absurdo, um ridículo ciúme, atribuindo-lhe faltas simplesmente inconcebíveis diante de sua idade de senhora já anciã. E de tal modo se agravou o quadro que o filho resolveu, de comum acordo com os demais irmãos, interná-lo em Uberaba.

Bem, uma vez naquele estabelecimento hospitalar de orientação espírita, o ancião durante 3 meses não deu o mínimo trabalho. Embora surdo e só se movesse arrimado a uma bengala porque uma fratura mal consolidada lhe causasse uma perna mais curta que a outra, mostrava-se humilde e paciente de sorte que o diretor do Sanatório resolveu devolvê-lo ao meio familiar. Estaria resolvido o problema passageiro!

O velho manifestou alegria, sobretudo quando vislumbrou a possibilidade de poder outra vez abraçar os netos.

Entretanto, após a viagem de alguns dias, de regresso ao lar, os sintomas de novo surgiram. Tudo voltava à estaca zero: o ancião queria espancar a esposa, não ouvindo conselhos de ninguém nem se importando com os carinhos dos demais familiares. Antes que as conseqüências se fizessem graves, o filho não teve outra alternativa senão voltar a trazê-lo para os cuidados do dr. Inácio Ferreira.

Uma vez no Sanatório Espírita de Uberaba, tudo se normalizou. Dormia e se alimentava bem, na fisionomia estampava o sorriso da felicidade. Impossível, pois, ao médico atribuir qualquer distúrbio mental.

Feita uma reunião mediúnica adequada e voltada para esclarecer aquele caso, através de um médium digno de confiança, um orientador espiritual deu a resposta do problema:

Aquele doente atual, na vida anterior, era um negociante rico e bem conceituado na Espanha. Uma vez viúvo, embora já com certa idade e diversos filhos, a despeito dos conselhos em contrário de muitos, resolveu contrair segundas núpcias, com uma jovem órfã de pai muito pobre e bonita.

Bem, no começo tudo ia bem e o casal chegou até a ter filhos. Mas após algum tempo, a moça não resistiu aos impulsos de mulher bem mais moça que ele e passou a ter amores clandestinos, inclusive com um de seus enteados, quer dizer, filho do velho em seu primeiro casamento. O negociante os pegou em flagrante dentro de sua própria casa e os expulsou do lar.

Expulsa, ela continuou em sua vida irregular. Certa ocasião, vendo o enteado e ex-amante numa roda alegre, começou a ofender a ele e a seu pai. O rapaz se ofendeu com isto também. Gerou-se um tumulto do qual esse moço saiu machucado. Sabendo disto, o pai permite o regresso do filho ao ninho antigo, porém, como fosse muito espancado, acabou não resistindo aos ferimentos e morreu.

O velho, diante daquilo tudo, suicida-se de vergonha.

Uma vez no mundo espiritual, em meio aos padecimentos por seu suicídio, passa a perseguir tenazmente a segunda esposa que levianamente prosseguiu em suas orgias.

Bem, isto foi o passado. Agora, na atualidade, o velho volta ao mundo com um defeito nas pernas. Sua mulher outra não é senão o mesmo Espírito da segunda esposa anterior. O filho que o traiu e por ele morreu por espancamento, agora é exatamente aquele que se interessa em interná-lo em Uberaba, na ânsia de ver o pai curado. E o Espírito da primeira esposa, é agora uma de suas noras.

Resumindo o fato, extraído do livro *Psiquiatria em face da Reencarnação*, aconteceu o seguinte: quando ainda moço, o referido senhor não se lembrava do pretérito. É a Bondade Divina deixando, como venho dizendo, cair o véu do esquecimento para não ser atrapalhado o processo de reconciliação, caso houvesse esta penosa recordação. Contudo, em chegando a velhice, mais debilitado o corpo, eis que o Espírito deixa transparecer todo o seu ódio contra aquela que o desonrou na vida precedente.

De posse destas preciosas informações por via mediúnica, Dr. Inácio Ferreira chamou o filho, explicando-lhe que o pai não passava de um Espírito que ainda não aprendera a perdoar, a esquecer o ultraje recebido. Só havia, então, uma possibilidade de atenuar todo aquele seu rancor: fazer com que o ancião ora morasse na casa de um filho, ora na casa de outro, porém sempre distante da atual mulher. Pelo menos as travessuras dos netos lhe desviassem a atenção do passado infeliz.

Assim foi feito. Porém o ancião, sempre que podia, com profundas mágoas continuou se referindo à esposa da atualidade.

Encontramos também no livro *Nos Domínios da Mediunidade*, justamente no Capítulo 24, o Espírito André Luiz descrevendo através do médium Chico Xavier outro caso de reencarnação e família. Vejamos em breve síntese:

Na encarnação atual, vamos achar o pai de nome Júlio, um espírita convicto, acometido de paralisia das pernas e possui quatro filhos desorientados: Américo sofre de perturbação mental; Márcio é vítima do álcool; Benício e Guilherme vivem nas levianas extravagâncias noturnas. É dito a André Luiz (e ele nos transmite a informação) que em vida passada, Júlio fora chefe de um grupo de assaltantes e desencaminhara quatro rapazes para aventuras delituosas, os quais agora voltam aos seus braços para que ele os oriente no caminho da retidão, da moralidade!

Como estamos a ver, os laços de família não se verificam por acaso: há uma Lei Divina comandando criteriosamente o destino e a união das almas na vida corpórea, que deve ser colocada a serviço de nossa redenção, de nossa melhoria e do aperfeiçoamento dos que nos cercam às vezes desde longa data.

Por isso é que o Espírito Marco Prisco, escrevendo através do médium Divaldo Franco, numa página de título "No Lar", dentre outras ponderações, anotou as seguintes:

"O companheiro cruel deixado à margem no insucesso conjugal, ressurgirá depois em complexo mecanismo, para a compreensão que se adia.

"O filho rebelado ou o genitor irascível de quem se foge, reaparecerá mais além, mais infeliz e mais exigente.

"Cruzam no lar verdugos que o tempo despertará em reencontros inevitáveis e amores angelicais em esfera de compaixão socorrista, atendendo às engrenagens da evolução."

Com efeito, já Allan Kardec em *O Evangelho Segundo o Espiritismo* dizia que no lar, numa mesma família se encarnam Espíritos que são simpáticos, que têm muita afinidade mútua, sentindo-se bem por estarem outra vez reunidos. Mas também há casos que são Espíritos estranhos, separados por antipatias anteriores, traduzidas aqui e agora por um antagonismo que deve ser superado.

Eis porque a derradeira ponderação do Espírito Marco Prisco, na mensagem escrita por Divaldo Franco é esta: "Acenda a luz da bondade em casa e deixe-a brilhar nas sombras da família — provação onde você se encontra, cultivando de agora a libertação que anseia, através do auxílio que oferece aos que estão escravizados pelos muitos débitos a você".

* * *

Todavia — não podemos atribuir todos os atritos familiares a coisas do passado. Muitas vezes são coisas do presente mesmo, do nosso aqui e agora. Ouso dar alguns exemplos concretos, no sentido de alertar, amorosamente, quem se vê diante destes problemas espirituais *entre aspas*. Como dizia Kardec no *Evangelho segundo o Espiritismo*, são causas atuais das aflições.

1º) Há atritos familiares que decorrem da nossa presente e contumaz tirania não dando liberdade ao outro para que este outro tenha paz e sossego. Despotismo às vezes camuflado de zelo e que, no fundo, não passa de um amor exagerado, descambando para a posse ou o desejo de que seja feita a NOSSA vontade assim na Terra como no Céu. E este outro poderá ser o cônjuge, um filho, uma filha, a nora, o genro, o sogro, a sogra, um sobrinho... Cada qual há de fazer uma auto-avaliação de sua conduta familiar. Apenas estou mostrando (como sempre amorosamente) erros em que incidimos, às vezes até movidos da melhor das (boas) intenções. Já não escreveu Gibran Khalil Gibran no famoso livro *O Profeta* que os filhos vêm por meio de nós mas não são nossos? Vivem conosco mas não nos pertencem? O mesmo é válido relativamente a outros familiares, sobretudo marido e mulher.

As varas de família e os consultórios dos psiquiatras e psicólogos estão abarrotados de casos do gênero.

2º) Há atritos familiares que decorrem da nossa irresponsabilidade não assumindo no momento exato com a autoridade (eu não disse autoritarismo, eu disse autoridade) os nossos inadiáveis compromissos de pai, de mãe, de alguém realmente interessado na educação da criança e na orientação do jovem. É-nos imperioso oferecer aos filhos condições de segurança física e emocional mediante exemplos de probidade e retidão, palavras de estímulo e compreensão, sem pedir deles perfeição. É-nos fundamental dar abertura para que se estabeleça aquele diálogo fraterno, camarada, amistoso em torno de todos os assuntos, sobretudo acerca da sexualidade. Neste terreno, não mentir, não enganar a criança mas dizer-lhe a verdade aos poucos, gradualmente, com noções de responsabilidade e respeito envolvendo estas noções com amor, com equilíbrio e controle das emoções.

Bem sei que há pais que agiram assim e os filhos não lhes deram ouvidos, praticando atos tristes. Tanto como pais que se fizeram omissos e os filhos nem por isso cometeram desvarios. Sei disto. Será uma provação para a nossa paciência. Um convite para que não desanimemos. Porém, estas situações não nos isentam do dever de colaborar na formação da personalidade dos filhos que, no dizer do Espírito Emmanuel (médium Chico Xavier), são mensageiros de amor que Deus nos envia para que neles se inflame a luz da sublimação, reforçando o que diz Kardec em *O Livro dos Espíritos* classificando a paternidade como uma verdadeira missão da qual haveremos de, um dia, prestar contas.

3º) Há atritos familiares que decorrem das predileções descabidas cobrindo um filho, um sobrinho, um neto de mimos, de carinhos, até de dengos, quer dizer, comportamento inadequado porque os demais pequeninos se enchem de ciúmes, se encharcam de inveja, criando rivalidades perfeitamente evitáveis. Por outro lado, também é de todo desaconselhável castigar um filho por questões menores, por picuinhas, por detalhes que podem ser contornados sem maiores danos à sua educação. Nunca devemos perder de vista as diferenças individuais que existem entre todas as criaturas, embora vivam na mesma constelação familiar.

4º) Há atritos que decorrem da simples falta de cortesia, de gentileza, da carência de afeto e atenção, da ausência de orientação e esclarecimento quanto aos malefícios dos tóxicos alertando os adolescentes quanto aos convites perniciosos do grupo em que se enturmaram na escola, nos lazeres, na vizinhança do próprio lar.

O assunto é vasto e o capítulo se alongou. Vou tentar pôr um ponto final para não ser prolixo. Apenas não termino sem oferecer ao leitor algumas dicas (vamos dizer assim) do Espírito André Luiz pelo querido médium Chico Xavier para que nos renovemos. Às vezes aí estaria a luz na saída do longo túnel em que estamos em meio a atritos domésticos. Vejamos:

1) Não espere viver sem problemas, de vez que problemas são ingredientes de evolução necessários ao caminho de todos;

2) Ante os próprios erros, não descambe para o desculpismo e sim enfrente as conseqüências deles, a fim de retificar-se, como quem aproveita pedras para construção mais sólida;

3) Não perca tempo e serenidade perante as prováveis decepções da estrada, porquanto aqueles que supõem decepcionar-nos, estão decepcionando a si mesmos;

4) Reflita sempre antes de agir a fim de que seus atos sejam conscientizados;

5) Não exija perfeição nos outros e nem em você mesmo, mas procure melhorar-se quanto possível;

6) Simplifique os seus hábitos;

7) Experimente humildade e silêncio, toda vez que a violência ou a irritação apareçam em sua área;

8) Comunique seus obstáculos apenas aos corações amigos que se mostrem capazes de auxiliar em seu benefício com discrição e bondade;

9) Diante dos próprios conflitos, não tente beber ou dopar-se, buscando fugir da própria mente, porque de toda ausência indébita você voltará aos estragos ou necessidades que haja criado no mundo íntimo, a fim de saná-los.

Ora, esta última *dica* de André Luiz nos remete ao delicado problema da toxicomania, tema que abordarei no capítulo seguinte.

Leituras Complementares

1 — *A Vida em Família* — Rodolfo Calligaris.

2 — *Esclarecendo os Jovens* — Umberto Ferreira.

3 — *Vereda Familiar* — médium J. Raul Teixeira (autora Thereza de Brito).

4 — *O Sexo e o Amor em Nossas Vidas* — Celso Martins.

5 — *Família* — médium Chico Xavier (vários autores espirituais).

Toxicomanias

Vou abordar aqui e agora um dos mais sérios problemas da Humanidade neste final de século XX porque envolve muita gente no mundo inteiro, havendo até quem fature muito dinheiro em cima das misérias e das fraquezas do próximo. Vou tratar das drogas, dos tóxicos. E quando se fala neste assunto, todos pensam em maconha, em cocaína, em heroína, em morfina, ignorando o álcool, que tanto estrago tem feito ao longo da História da Humanidade. Ignorando o fumo que também é um vício socialmente aceitável apesar de a Medicina ter demonstrado que na fumaça do cigarro, do charuto ou do cachimbo existam substâncias cancerígenas, substâncias que provocam o enfisema pulmonar, substâncias que colaboram para o infarto do miocárdio.

Vou então dar alguma ordenação didática ao capítulo sobre os tóxicos analisando o assunto por tópicos objetivos, apreciando dados médicos e depois mostrando ao leitor como é que se pode observar em uma pessoa o uso destes venenos, finalizando com a visão espírita desta dolorosa problemática.

I — AS DROGAS EM GERAL

Drogas são substâncias que, ao penetrarem no organismo (quer ingeridas ou injetadas, quer inaladas ou absorvidas pela pele), são verdadeiros venenos. Entram na corrente sangüínea, atingem o cérebro e alteram o seu equilíbrio, fazendo com que a criatura se sinta *diferente*.

Lamentavelmente em não poucos casos, elas acabam criando a chamada dependência quando o usuário é capaz de cometer qualquer desatino na ânsia de obter a sua dose de droga. A criatura não se controla mais diante daquela necessidade compulsiva apesar dos problemas significativos que surgem, quer de ordem física (destruindo o corpo que é uma máquina tão admirável), quer de ordem emocional, social, financeira e espiritual porque a droga vai lesar o perispírito, determinando sua rearmonização, mais tarde, na pauta de uma nova encarnação em um corpo enfermiço.

II — O PORQUÊ DO SEU USO

Rogo especial atenção dos pais e professores para o que se lerá em seguida. Os motivos que levariam um jovem a meter-se no submundo dos tóxicos, infelizmente, são os seguintes:

a) A curiosidade, a busca do prazer;

b) A influência dos amigos *entre aspas*;

c) O prazer imediato que produzem;

d) O fácil acesso, a fácil obtenção;

e) A fase crítica da adolescência quando são aumentadas as sensações de insegurança diante de um mundo hostil; quando são aumentados os questionamentos, as dúvidas existenciais e o jovem não tem um ombro amigo para chorar, um par de ouvidos camarada para ouvir suas confissões; quando o jovem pode até voltar-se contra o sistema político ou a estrutura sócio-econômica da sociedade onde vive.

À primeira vista, as drogas seriam uma saída para enfrentar estas dificuldades, sobretudo quando a família está desestruturada e a sociedade se mostra competitiva e consumista, hipervalorizando o TER em detrimento do SER, conforme já denunciei em um capítulo anterior.

Porém, a dura verdade é que as drogas, os tóxicos para usar o termo mais exato, apenas escondem sentimentos ou problemas desagradáveis por breve momento, sem resolvê-los para sempre. Dão a falsíssima impressão de que já se pode lidar melhor com as emoções. Estas, no entanto, apenas foram como que anestesiadas e o consumo destas substâncias acaba por ser danoso para o indivíduo, para sua família, para a sociedade em geral.

III — ALGUNS DESTES TÓXICOS

1º) *O álcool*

Há quem defenda a tese de que ele seja um estimulante do sistema nervoso servindo para relaxar os nervos tensos, para inspirar bons sentimentos, para dar mais vida aos encontros sociais, propiciando a perda da timidez, do medo, incutindo coragem para encarar as adversidades ou afogar suas mágoas amorosas ou familiares.

Nada mais falso. Nada mais enganador. O álcool da cerveja, do uísque, da cachaça, do vinho, viciando homens, mulheres, velhos, moços e crianças, podendo torná-los alcoólatras com facilidade, além de causar o mau hálito, os olhos injetados, a fala arrastada, o abandono dos mínimos hábitos de higiene corporal e das vestimentas, bebida em excesso afeta o raciocínio, o juízo, a memória, fora os estragos sobre o fígado (cirrose hepática), sobre o pâncreas (pancreatite), sobre os nervos levando ao delírio tremens a que já nos referimos anteriormente — coisa sabida de todos nós. Quantos casos de loucura não se devem ao alcoolismo?

Anulando os efeitos dos antibióticos, o álcool poderá até levar à morte imediata em virtude de deprimir os centros nervosos que controlam os batimentos cardíacos e o ritmo respiratório. Isto sem lembrar as famílias destroçadas e os acidentes automobilísticos onde era o álcool que movia o carro e o motorista!

2º) *O fumo ou tabaco*

Já falei o suficiente sobre ele, inclusive os malefícios que a mulher grávida ou que amamenta provoca sobre o filho, caso seja ela uma fumante; e os malefícios que determina nas pessoas que estão em seu derredor e não sejam fumantes mas se prejudicam por causa do ar confinado e envenenado pelo que fuma em recintos fechados. Ver página 64.

3º) *A maconha*

De origem asiática, a fumaça desta droga contém muito mais substâncias cancerígenas do que a do tabaco, antes referido. De sorte que os "baseados", ou seja, os cigarros contendo a *Cannabis sativa*, desgraçadamente tão difundidos no mundo inteiro, envolvendo crianças e adolescentes, podem provocar profundos danos aos pulmões, desastres no trânsito por alterar os reflexos, dificultar a concentração, distorcer a percepção, deteriorar o senso da realidade, influindo negativamente no processo de aprendizagem e do exercício das funções sexuais.

4º) *A cocaína*

Pó branco inalado a partir de uma substância encontrada nas folhas da *Coca*, planta encontradiça na América Latina, a cocaína destrói a mucosa nasal causando dores de cabeça, nariz escorrendo e mesmo hemorragias nasais. Fumada (é o tristemente famoso "crack"), ou injetada no sangue, como primeiros efeitos leva a criatura a um estado de euforia, ficando excitada, muito alegre, extrovertida. Mas em seguida gera ansiedade, a agressividade, a insegurança, a ânsia de usar doses cada vez mais crescentes, daí as convulsões, as crises respiratórias e até mesmo a morte. Quer dizer, um verdadeiro suicídio.

5º) *Inalantes*

Tais substâncias voláteis podem ser encontradas na gasolina, nos aerosóis, na cola de sapato, nos solventes de tintas, no éter, no clorofórmio, no laquê, no esmalte de unhas, nos nefandos preparados que o povo chama de "cheirinho-da-loló"... Conclusão: o indivíduo se torna violento, agressivo, possesso, com alucinações e apresentando a partir daí lesões cerebrais irreversíveis podendo morrer subitamente por asfixia ou parada cardíaca.

6º) *LSD ou ácido lisérgico*

Muito difundido durante a época dos *hippies* (no auge da Guerra do Vietnã), o LSD fumado ou tomado como pílulas ou sob a forma de chá, aproxima-se da *mescalina*. O usuário faz uma viagem porque se trata de uma substância simplesmente alucinógena de modo que o mundo passa a ser percebido de outro modo. Num português mais simples, é um modo de se fugir às dificuldades inerentes da vida humana. Só que o drogado é, então, facilmente sugestionável, e acaba cometendo desatinos como o suicídio, o assassinato, quando não termina louco.

7º) *Tranqüilizantes ou anfetaminas*

Claro que tais drogas podem ser usadas *sob rigorosa orientação médica*. Os tranqüilizantes são os famosos comprimidos para dormir que acalmam os nervos, produzem o sono, dão alívio às tensões emocionais. O uso abusivo, sem aquela orientação médica, é que poderá ocasionar danos em função da dependência entorpecendo a fala, enfraquecendo a memória, embotando a razão, diminuindo os reflexos e levando à sonolência e ao estupor.

O perigo está no uso conjunto destes tranqüilizantes com o álcool. Esta mistura pode levar à morte ou à situação de um coma irreversível. Tanto como poderá ser fatal a *overdose*, ou seja, a ingestão de doses em grandes quantidades.

Já as anfetaminas, *vendidas sob prescrição médica*, é claro que têm o seu valor terapêutico, porque reduzem o apetite, suprimem o sono exagerado, combatem a fadiga, podem ser usadas até contra a asma. No entanto, não observado o acompanhamento médico, aceleram a atividade nervosa de modo exagerado, produzem de começo muita euforia, muito bem-estar, agilizando a atividade motora, sim. Mas em contrapartida, criada a dependência, eis que vêm os efeitos danosos como a insônia, a ansiedade, o desassossego, o coração disparado (taquicardia), as alucinações, a paranóia.

Creio que fui claro expondo a dura realidade dos fatos.

Passemos agora a outro tópico, também objetivo, sobre este assunto tão atual:

IV — CARACTERÍSTICAS DO USO DE DROGAS

Os pais e professores devem ter vigilância para descobrir, no início, qualquer uso destes venenos. Dou a seguir alguns sintomas que, embora não sejam obrigatoriamente afirmativas de que o jovem seja um drogado, pelo menos servirão de alerta para uma investigação do terreno onde estaria o filho ou o aluno pisando.

Se positivado o caso, nada de alarde desnecessário. Nem de reprimendas exageradas. Estaremos diante de um doente. E doente precisa de atendimento médico, de apoio psicológico, de amparo familiar, de orientação religiosa, de alguma atividade esportiva ou artística ou benemerente para onde o moço pudesse canalizar suas idéias, suas energias, seu potencial de produzir algo de útil a si, aos seus e aos semelhantes em geral.

Vamos por partes, então:

A) mudança de humor e de personalidade. Hoje estão alegres e no dia seguinte nervosos, mal-humorados. Chegam a casa tarde demais, não fazem trabalhos domésticos, deixam os seus aposentos em desalinho e não querem colaborar em arrumá-los;

B) mudança de amigos, de formas de passatempo, perda de interesse pelos estudos ou pelos esportes que vinham tomando-lhe o tempo, alteração da linguagem, do corte de cabelos, das roupas que usava, o afastamento dos amigos antigos, o decréscimo da aprendizagem, uma tendência à agressividade e à defesa das drogas em geral;

C) deterioração física e mental com dores de cabeça

constante, nariz sempre a escorrer, olhos avermelhados pedindo uso de óculos escuros até dentro de casa, manchas roxas inexplicáveis, tremor das mãos...

Outro sintoma muito comprometedor de que aquele jovem está usando drogas, tanto que eu o coloquei em separado, diz respeito ao aparecimento de seringas nos pertences dos filhos ou dos alunos, o aparecimento também de cheiros fortes e estranhos, ao mesmo tempo em que o moço desaparece com o dinheiro doméstico, pede ao pai, ao padrinho, ao avô, a um tio dinheiro para comprar algo que ele não diz o que seja.

V — COMO EVITAR AS DROGAS

O moço, e mesmo o adulto, pois o uso dos tóxicos não se dá apenas pela juventude, devem antes de tudo não usar as drogas sob pretexto algum. É o velho ditado: É mais fácil prevenir do que remediar... Devem evitar a primeira vez para que não se instale uma terrível dependência perniciosa.

Em seguida, ler o que puder sobre o assunto conscientizando-se dos prejuízos que os tóxicos acarretam. Não que estejam os mais velhos proibindo os mais moços. Não. O fruto proibido é sempre mais cobiçado! Trata-se de um alertamento fraterno, amistoso, amoroso para que o incauto não entre numa rua sem saída! Ou de saída árdua, sofrida, demorada!

Resistir à influência dos antigos **entre aspas**, deles se afastando caso sejam insistentes, partindo para outro círculo de amizades mais sinceras e equilibradas.

Deixar-se ocupar com atividades nobres, como já escrevi, nas artes, nos idiomas, nos esportes; atividades de assistência de uma religião cujos ensinamentos morais devem ser seguidos de acordo com a preferência de cada um.

VI — A VISÃO ESPÍRITA DESTA PROBLEMÁTICA

Bem, cabe agora analisar tudo isso com a ótica do Espiritismo. Vamos também por partes:

A) O Espiritismo não condena a ninguém. Apenas mostra os inconvenientes deste ou daquele comportamento. Não proíbe coisa alguma. Tão-só mostra que somos livres na semeadura e escravos na colheita. Em razão disto, à luz da Doutrina Espírita, o viciado é antes de tudo um doente que merece tratamento médico, psicológico, espiritual, aí entrando a família, a escola, a religião, descortinando novos horizontes para que aquela vítima das drogas se liberte das garras das viciações e leve uma vida sadia, equilibrada, se possível feliz.

B) A leitura de bons livros poderá abrir novos caminhos ao viciado, a partir do momento em que ele deseje libertar-se daquela terrível dependência, passando a valorizar a bênção do corpo e da vida na Terra onde vive para progredir e não repetir os velhos erros do passado.

C) É possível que aquele irmão nosso entrou por aquele caminho por falta de alguém que lhe fosse realmente amigo. No meio espírita deverá então encontrar alguém que lhe abra os olhos e lhe estenda a mão para que se reabilite e volte à normalidade.

D) Além do tratamento médico e da assistência psicológica de apoio para desintoxicá-lo e libertá-lo da penosa dependência, o paciente há de merecer da casa espírita, além do esclarecimento doutrinário de que estava no caminho do suicídio, também o conforto da prece fortalecendo-lhe a vontade de sair daquela inglória estrada; os eflúvios balsâmicos do passe; os medicamentos espirituais providencialmente colocados pelos Médicos da Espiritualidade na água fluidificada.

E) Em havendo alguma perturbação espiritual conjunta (na grande maioria das vezes é o que se dá), o Centro Espírita poderá tratá-lo nas reuniões de desobsessão. Veremos isto mais adiante neste livro.

F) Cabe à casa espírita ainda abordar estes assuntos ao nível dos assistentes, colaborar com outras instituições religiosas ou não que se dediquem à cura e à prevenção do uso das drogas e apoiar, caso seja solicitada, aquelas famílias que se vêem a braços com esta situação tão dolorosa no mundo atual.

Evidentemente não foi meu intento ensinar o Pai-Nosso ao vigário. Quer dizer, jamais me passou pela cabeça dizer o que deve fazer a comunidade espírita na campanha de esclarecimento e de reconforto aos que se encontram no dédalo dos tóxicos. Tão-só fiz algumas ponderações, citei algumas sugestões guardando a certeza de que cada casa espírita, dentro de suas possibilidades, irá fazer o que puder para minimizar os efeitos desta situação tão triste em que se vê tanta gente hoje em dia. Será a casa espírita saindo ao encontro dos que sofrem em atendimento ao que disse Jesus:

— "Os sãos não precisam de médico. Eu vim para os doentes"...

No mundo da atualidade, quem de nós não tem suas dores? E como não estimamos encontrar alguém para pensar as nossas feridas, não é mesmo?

Leituras Complementares

1 — *Aids, Homossexualismo, Álcoolismo, Conflitos Familiares e Temas Diversos* — Coletânea de diversos autores (Ed. EME).

2 — *Álcool, o Tóxico Livre* — Cid Paroni Filho.

3 — *Tóxicos — Duas Viagens* — Eurípedes Kuhl.

4 — *Maconha e Narcóticos* — Princípio e Fim —Valterson Botelho e Mialzir Alvim de Minas Santos.

5 — *Os Tóxicos* — Oswald Moraes Andrade.

Alterações Mentais

Já escrevi anteriormente que a Medicina atual, a chamada Medicina Psicossomática, analisando o homem como um todo, não mais está separando o corpo da mente; ao contrário, reconhece uma ação muito grande desta última sobre aquele.

Aliás, o Espírito André Luiz, escreveu estas frases no livro *Cura*, através do médium Francisco Cândido Xavier:

"A Medicina humana será muito diferente no futuro quando a Ciência puder compreender a extensão e complexidade dos fatores mentais no campo das moléstias do corpo físico.

"Muito raramente não se encontram perturbações diretamente relacionadas com o psiquismo."

Trazemos do passado muitas mazelas, sim. Muitas dívidas contraídas por não termos observado convenientemente as Leis Morais que regem a Vida. Imprimimos em nosso perispírito muitas lesões, todas as vezes quando violamos as Leis de Deus. Por isso, sofremos doenças no corpo, ou no comportamento, que os médicos não sabem como agir para dar-nos a cura.

Depurado o Espírito, eis que o perispírito tem aquela lesão corrigida e o nosso organismo não mais se ressente desta ou daquela moléstia de fundo cármico. Estas noções são fundamentais na prevenção contra as idéias de suicídio ou contra o uso de tóxicos, já estudados anteriormente.

Então, estamos a viver uma situação contraditória no mundo atual: a Medicina já encontrou remédios para curar muitas doenças meramente orgânicas, sobretudo as infecto-contagiosas e as carenciais. Se elas ainda fazem estragos nos países pobres, como a febre amarela, as verminoses, o cólera-mórbus, as avitaminoses, isto não se dá porque a Medicina não as saiba curar e até preveni--las. Dá-se este quadro por outras razões que estão na esfera administrativa da política e não nos deveres da Medicina atual.

No entanto, esta mesma Medicina que emprega o raio laser para fazer cirurgias delicadas; que usa a energia nuclear para curar os tumores malignos descobertos a tempo; que realiza transplantes de órgãos; que se vale amplamente dos antibióticos e conta com o auxílio de aparelhos altamente sofisticados para o diagnóstico de algumas moléstias insidiosas (por exemplo, a tomografia computadorizada), vê-se a braços com as doenças emocionais e os distúrbios do comportamento.

A meu ver isto ainda se dá porque não se leva em conta o componente espiritual do ser humano, tecla em que batemos na primeira parte deste livro. Embora já se aceite a influência da mente sobre os órgãos, quer gerando doenças, quer permitindo recuperações admiráveis, o Espírito é ainda o grande desconhecido. Não se fala em perispírito, apesar de ser conhecido aquilo a que se deu o nome de corpo bioplásmico. Dia virá, tomara esteja próximo, em que tal descoberta acontecerá e aí, como profetizou o Espírito André Luiz, tudo será diferente... para melhor.

Cabe, agora, a magna pergunta: estas doenças emocionais, estes distúrbios do comportamento, estas alterações mentais, todas elas são forçosamente de origem espiritual?

Bem, aí a resposta não pode ser dada em poucas palavras. Precisamos levar em conta a dupla natureza do ser humano (a natureza orgânica, biológica e a natureza espiritual, psíquica). Mais ainda, precisamos levar em conta o presente e o passado também.

As alterações mentais podem ser oriundas de fatores ambientais como os conflitos familiares, os traumatismos da infância, o complexo de culpa, o complexo de inferioridade, os atritos com colegas de trabalho, a crise que assola o mundo inteiro provocando até o recrudescimento da violência, sobretudo nos grandes centros urbanos, etc. Há este contexto social que não podemos esquecer.

As alterações mentais podem ser oriundas do uso de drogas, como já analisei com o leitor. Podem ser ocasionadas por pensamentos desvairados da própria criatura, aquilo a que os espíritas damos o nome de *auto-obsessão*. Pensamentos de ciúme, de ódio, de inveja, de mágoa, de medo, de ansiedade, de cupidez, de orgulho, de egoísmo *et caterva*...

Bem, no passado quem apresentasse qualquer alteração mental era logo duramente castigado. Era de imediato tido como possuído por Satanás. O infeliz era acorrentado e trancafiado em cubículos infectos, quando não fosse até levado à fogueira porque, queimado o corpo, estaria sendo purificada a sua alma (*sic!*).

Pobre doente mental! Era vítima de castigos corporais!

Graças a Deus no século XIX a coisa foi mudando de figura. O médico francês Pinel conseguiu uma total reformulação no tratamento destas criaturas. Propugnou por criação de hospitais adequados, tendo em Esquirol um grande continuador desta tarefa humanitária.

Hoje, como anotei linhas acima, sabe-se que vários fatores podem desencadear transtornos mentais como, além do que já apontei, as infecções por vírus ou por bactérias; as carências de vitaminas, sobretudo do complexo B; a falta de hormônios ou de agentes bioquímicos como serotonina, dopamina, nor-adrenalina, acetil-colina; a falta de oxigênio principalmente no recém-nascido podendo causar-lhe um retardamento mental; o estresse como esgotamento físico e mental numa vida de corre-corre altamente competitiva. Podemos acrescentar ainda os tumores cerebrais e os processos degenerativos, próprios da velhice como a arteriosclerose e a demência senil.

Embora não seja profissional da área da saúde, graças a leituras e leituras ao longo dos anos de professor de Biologia, continuo redigindo este capítulo dizendo que importa diferençar desde logo *neurose de psicose*.

O indivíduo *neurótico* sente-se mal mas, não perdendo a noção do seu mundo exterior, muitas vezes quer ficar curado daquele desconforto íntimo. Sabe-se doente e aceita tratamento. Já o indivíduo *psicótico* (o louco, como diz o povo impiedosamente), tendo perdido totalmente a noção da realidade externa, não sabe o que faz nem o que diz. É uma situação mais grave, como se vê. Há casos em que a psicose se torna crônica, permanente, porque houve lesões nos centros nervosos, lesões estas irreversíveis, a bem dizer incuráveis. E há casos em que após alguns delírios, mesmo estado febril, o indivíduo se recupera por não ter ocorrido comprometimento do tecido nervoso. É a psicose aguda.

Por detrás de neuroses e de psicoses podemos encontrar o passado reencarnatório contendo a explicação desta situação atual, sim! Vou recolher um exemplo no livro *Janela para a Vida*, do jornalista Fernando Worm. Será aquele exemplo em que certa mãe de um filho de 5 anos de idade se aproxima de Chico Xavier e diz:

— "Chico, meu filho é perturbado, francamente excepcional. Fala muito pouco e não memoriza mais do que cinco minutos qualquer coisa que se lhe ensine."

Após encaminhar o menino e sua mãe para a sala de passes, o médium diz para o jornalista esclarecendo a questão:

— "Este menino, na última encarnação, que viveu na Terra, deu um tiro na cabeça que lhe foi fatal."

Outro exemplo, do mesmo livro. Determinada senhora, mãe de uma menina de 5 anos declara:

— "Chico, minha filha pelo que os médicos dizem é portadora de mongolismo, mas eu creio que é atuação de Espíritos."

Resposta do médium àquele coração materno aflito: "Sua filha não tem atuação de Espíritos, não. Os movimentos desordenados são da própria doença."

Quando a mãe e filha seguem para receber os passes, o médium informa ao jornalista:

— "Os Espíritos estão me dizendo que essa menina, em vida anterior recente, suicidou-se, atirando-se de um lugar muito alto"...

Limito-me a estes dois exemplos. Erramos no passado. Todos nós erramos muito no passado. No presente também. Em conseqüência, colhemos o que plantamos. Assim se explicam muitas neuroses e muitas psicoses sem que haja forçosamente nenhum Espírito inferior causando estes sofrimentos que nos burilam o sentimento e nos elevam para Deus.

Outras vezes, não está no passado as causas de nossos males, não! É de origem recente tudo quanto sofremos.

Volto ao livro *Janela para a Vida*. Volto para recolher novos exemplos. Meditemos sobre o primeiro:

Um rapaz de 22 anos chega ao Chico Xavier e lhe entrega uma carta, esclarecendo:

— "Meu pai me expulsou de casa. Não posso dizer o que sinto mas trouxe esta carta. Ela diz tudo. Acho que há algum Espírito encostado em mim e faço o que não quero."

Chico calmamente lê uma parte da carta e depois explica ao moço:

— Mas se você não se entregar à viciação tóxica sua vida irá melhorar. Você não tem nenhum Espírito *encostado* (grifo meu, Celso Martins). Você precisa é decidir-se a agir contra as tendências destrutivas. As Leis de Deus não permitem que os Espíritos nos levem a fazer coisas contrárias à nossa vontade. Se você vencer este hábito, sua vida melhorará muitíssimo. Você tem muitas chances. Esforce-se que o Espírito de Deus não lhe faltará."

Segundo exemplo: É o caso de uma jovem de 26 anos de idade. Desabafa:

— "Minha personalidade muda muito freqüentemente. Às vezes, tenho a impressão de ser outra pessoa. Será que estou ficando louca?"

Responde Chico:

— "Essa mudança em si é imposta espiritualmente. No caso você está funcionando qual um espelho. Busque ajudar-se. Qual a sua profissão?"

— "Sou técnica em serviço de perfuração em máquinas IBM. Mas se continuar assim, acho que vou abandonar a profissão."

Chico a reconforta:

— "Sugiro-lhe que não faça isso. Distraia-se em seu trabalho. Você não está louca, não. Você sabe o que quer. Quem é Rosa?"

A moça titubeia e, após breve momento, informa:

— "É minha avó já falecida há muitos anos."

O médium completa:

— "Ela está aqui e roga que lhe diga que tem procurado ajudá-la."

Bem, depois destes casos tão claros, que dispensam qualquer comentário, prossigo analisando as neuroses e as psicoses.

I — NEUROSES

Há várias formas de neuroses. Vejamos alguns casos:

A) sensação de angústia vendo tragédias que nunca ocorrem;

B) fobias ou medos irracionais de ficar no escuro ou em recintos fechados, de animais inofensivos, de grandes alturas, quase sempre em decorrência de algum susto, de alguma situação traumática na infância;

C) neurastenia ou esgotamento sem causa orgânica plausível;

D) hipocondria quando o paciente se sente muito doente, portador de doenças graves e toma remédios por conta própria;

E) neurose depressiva ou depressão neurótica que se instala muitas vezes quando o paciente vê partir para o Grande Além um familiar a que esteve profundamente ligado por um intenso amor.

II — PSICOSES

Há agora duas modalidades de psicoses ditas *funcionais* de vez que não há aí nenhuma lesão orgânica nos centros nervosos que justifiquem este estado de coisas.

A) *Psicose maníaco-depressiva*

O doente ora está sem sono nem apetite, desinteressado pela vida, tem até idéias de suicídio; ora está por demais alegre, muito agitado, muito falante, com atenção dispersiva, assumindo postura extravagante, gerando risos de escárnio em pessoas carentes de amor fraterno.

B) *Esquizofrenia*

Constitui-se de um quadro de fuga, de evasão do mundo real como se o paciente regressasse a uma fase infantil, pondo-se distante daquele ambiente que lhe é adverso.

Para terminar este estudo que se alongou, devo dizer que em todas estas situações o Espírito mantém integral toda a cópia de seus conhecimentos adquiridos, sua inteligência, sua memória, embora não possa pôr tudo isso em manifesto nem, às vezes, ter um convívio social no seio da família, quer porque é a consciência intranqüila, sofrendo os desvarios do passado, como que cobra de si mesma tudo quanto fez de negativo, de pernicioso e contrário às Leis de Deus; quer porque também existem Espíritos inferiores c sofredores querendo fazer justiça com suas próprias mãos. Nesta última hipótese é que podemos dizer que ali se instalou um caso de obsessão, o que será visto no capítulo seguinte.

Leituras complementares

1 — *A Loucura sob um Novo Prisma* — Adolfo Bezerra de Menezes.

2 — *A Dinâmica da Mente na Visão Espírita* — José Marques Mesquita.

3 — *Energética do Psiquismo* — Jorge Andréa dos Santos.

4 — *O Homem Integral* — médium Divaldo Franco (autora espiritual Joanna de Ângelis).

O Processo Obsessivo

Os Espíritos podem influir sobre os homens, sim! E muito mais do que se supõe à primeira vista. Já vimos em páginas anteriores que não podemos atribuir a eles *todas* as nossas dificuldades. No entanto, muitas delas decorrem desta influência, tema que Allan Kardec estudou em inúmeros trechos das obras da Codificação do Espiritismo. Outros autores encarnados e desencarnados, posteriormente, prosseguiram neste estudo para diagnosticar, tentar curar e sobretudo prevenir o processo obsessivo, como veremos no decorrer deste capítulo. Por exemplo:

1º) Em *O Livro dos Espíritos*, questão nº 466, ficou claro que Deus permite semelhante influência dos Espíritos inferiores incitando-nos para o Mal a fim de que tenhamos experimentadas a nossa fé e a nossa constância no Bem. Espíritos malfazejos agem sobre nós, diz Kardec, ou melhor, a ele disseram os Espíritos Superiores naquela resposta nº 466, eles agem sobre nós porque invigilantemente os atraímos pelo desejo do Mal. Eles vêm em nosso auxílio. Nada poderiam fazer se nós não lhes déssemos guarida.

Esta última frase de Kardec deve ser meditada profundamente por todos nós. Permito-me, por isso, aprofundá-la escrevendo assim:

Precisamos manter o mais elevado possível o padrão moral de nossos atos, de nossas palavras, de nossos pensamentos. Nossa mente deve ser ou estar sempre povoada de pensamentos de saúde, de otimismo, de sucesso, coragem, bondade e espírito de justiça, mantendo uma postura de calma e de ponderação. Em nosso viver cotidiano não devemos entregar-nos ao desânimo, ao contrário, encarar as dificuldades com ânimo forte e resoluto, sem buscar a fuga do fumo, do álcool, dos tóxicos, do sexo sem responsabilidade.

Nada de nos deixar levar pelas preocupações nem manter rancor e/ou inveja contra quem quer que seja. Dentro do que nos for possível, devemos fazer a caridade material e espiritual esquecendo as ofensas recebidas e entendendo as fraquezas do próximo, embora não pactuando com o erro.

No livro *Sinal Verde*, o Espírito André Luiz pelo médium Chico Xavier, dentre outras ponderações, deixou-nos duas que aqui condensei numa frase só onde esse mentor declara: A nossa felicidade será naturalmente proporcional à felicidade que fizermos aos outros, libertando-se dos complexos de culpa mediante o trabalho em favor do semelhante, tarefa esta que contribui muito para a recuperação deste ou daquele dano porventura por nós causado a outrem.

Tudo quanto foi exposto constitui verdadeiras "vacinas" contra esta influência dos Espíritos sofredores.

2º) No livro *Sexo e Destino*, ditado pelo Espírito André Luiz aos médiuns Waldo Vieira e Francisco Cândido Xavier aparece um episódio em que um homem está em sua casa e, num dado momento, sente vontade de ingerir alcoólicos. Com efeito, ingere a bebida em sua própria residência, sem desconfiar que, por detrás dos bastidores, dois Espíritos desencarnados, também viciados, dele se aproximam e sorvem gostosamente as emanações fluídicas desprendidas do álcool que aquele homem invigilante ingeriu.

Atraímos estas companhias, segundo o Espírito Scheila (médium Chico Xavier), nas seguintes situações a que a mentora citada deu o título de Sinais de Alarme:

1) quando estamos na faixa da impaciência;

2) quando acreditamos que a nossa dor é a maior;

3) quando passamos a ver ingratidão nos amigos;

4) quando imaginamos maldade nas atitudes dos companheiros;

5) quando comentamos o lado menos feliz dessa ou daquela pessoa;

6) quando reclamamos apreço e reconhecimento;

7) quando supomos que o nosso trabalho está sendo excessivo;

8) quando passamos o dia a exigir o sacrifício alheio, sem prestar o mais leve serviço;

9) quando pretendemos fugir de nós mesmos através do álcool ou do entorpecente;

10) quando julgamos que o dever é apenas dos outros.

Scheilla termina aconselhando amorosamente que, todas as vezes que um destes sinais vermelhos venha a surgir no trânsito de nossas idéias, a Lei Divina está presente, recomendando-nos a prudência de amparar-nos no socorro da prece ou da luz do discernimento.

Vale a pena transcrever aqui algumas influências espirituais sutis, como lemos no livro *Estude e Viva*, da dupla espiritual Emmanuel e André Luiz, por meio da dupla mediúnica Waldo Vieira e Chico Xavier, causando-nos um estado de espírito tendente ao derrotismo, perdurando várias horas, sem causa orgânica ou moral de destaque:

1 — dificuldade de concentrar idéias em motivos otimistas;

2 — ausência de ambiente íntimo para proferir uma prece ou fazer uma leitura edificante;

3 — indisposição inexplicável, tristeza sem razão aparente, pressentimento de desastre imediato;

4 — irritações surdas, queixas, exageros de sensibilidade e aptidão a condenar quem não tem culpa;

5 — interpretação forçada de fatos ou de atitudes, suas ou dos outros, que você sabe não corresponder à realidade;

6 — ânsia em investir-se no papel de vítima ou tomar a posição absurda de automartírio;

7 — hiperemotividade ou depressão raiando na iminência de pranto;

8 — teimosia em não aceitar esteja debaixo de alguma influência espiritual e, depois de minutos ou horas do acontecimento, mudar de impulsos, mostrar-se arrependido, recompor o tom mental e constatar de que é tarde para desfazer o erro consumado.

E André Luiz com Emmanuel dão-nos este conselho muito oportuno: "Estudemos em nossa existência se nesta última quinzena não estivemos em alguma circunstância com característica desta influência espiritual sutil. Estudemos e auxiliemos a nós mesmos." Corresponde àquela exortação de Jesus: Orai e vigiai a fim de não cairdes em tentação!

3º) Todavia, se há esta influência perniciosa do mundo espiritual inferior, também existe a influência benfazeja. Voltando ao texto de Kardec, na questão nº 466 de *O Livro dos Espíritos*, encontramos esta claríssima informação:

"Se és inclinado ao assassínio, terás uma nuvem de Espíritos que entreterão esse pensamento em ti; mas também terás outros Espíritos, que tratarão de influenciar para o Bem, o que faz que se reequilibre a balança e te deixa senhor de ti."

Quer dizer, cada um de nós será *sempre* o responsável por todos os seus atos. Um Espírito inferior poderá sugerir-nos a prática de qualquer procedimento contrário às leis de Deus, sobretudo se formos invigilantes, não controlando a língua e a imaginação, não selecionando as leituras e as conversas, não refreando os impulsos de egoísmo, de vaidade, de orgulho, de ódio, de ciúme. Em contrapartida, contamos outrossim com a assistência amorosa de benfeitores invisíveis interessados em nossa vitória, em nosso crescimento, em nossa felicidade. Não dei um exemplo, páginas atrás, onde o Espírito de uma avó, falecida há anos, não se prontificou a auxiliar uma jovem que estava passando por dificuldades, desde que a moça fizesse a parte dela? Amigos queridos de outras vidas, gente a quem tenhamos feito algum benefício, poderão estar dando-nos esta assistência amorosa, sem que nos demos conta disto!

I — OBSESSÃO

Allan Kardec em seus livros (especialmente *A Gênese* , *O Evangelho Segundo o Espiritismo e O Livro dos Médiuns*), e posteriormente diversos autores encarnados e desencarnados, conforme citarei na lista de leituras complementares, deixam claro que a obsessão consiste na ação persistente que um Espírito mau exerce sobre um encarnado, influência essa que pode apresentar caracteres muito diversos, desde uma leve indisposição sem causa aparente, como já foi visto linhas acima, até uma perturbação completa do organismo e das faculdades mentais. O pensamento se desgoverna porque a vítima (o encarnado ou obsidiado) como que absorve as forças magnéticas do Espírito mau (o desencarnado ou obsessor) causando vícios, doenças que os médicos não diagnosticam nem podem curar, angústias, idéias de suicídio, fobias, sexo descontrolado, tragédias passionais, desarmonias no lar, doenças mentais, a loucura sem uma causa orgânica.

Várias são as causas do processo obsessivo. Por exemplo: 1) Vingança de antigos rivais que foram pelo atual encarnado prejudicados e os outros, agora, debaixo da capa da invisibilidade, querem fazer justiça com as próprias mãos. 2) Inveja dos Espíritos inferiores diante do progresso ou da alegria do encarnado que não se faz vigilante ou tem alguma dívida do passado. 3) Mediunidade não assumida, não admitida nem aplicada para o Bem, ao contrário, é abusada e comercializada.

Quero deixar bem claro que a *mediunidade não é, em si mesma, a causa da obsessão*. No passado havia até quem dizia ser o Espiritismo uma fábrica de loucos. Hoje não se pode pensar mais assim porque os próprios parapsicólogos não vêem nenhuma relação entre os fenômenos por eles chamados *psi* com a alteração das faculdades mentais.

Podemos até, como ainda veremos adiante, através de sessões mediúnicas especiais (chamadas de desobsessão) tratar os obsidiados e muitas vezes curá-los. Já há muitos hospitais espíritas agindo assim!

O que pode levar alguém à loucura por obsessão é o fato de o indivíduo ser um médium, ter um potencial mediúnico e, por razões de preconceito religioso ou social, não procurar canalizar esta faculdade para o seu progresso e o benefício de outras pessoas. Ou então, é a circunstância de o médium fazer comércio com suas faculdades. Deixar-se envaidecer supondo-se portador de poderes sobrenaturais. Não ponderar acerca das comunicações que receba, deixando-se levar pelo nome com que o Espírito se apresenta. Constitui-se aí o que chamamos de fascinação. O médium está fascinado e não se dá conta dos absurdos que escreve por Espíritos que declaram ser Jesus, Paulo de Tarso, Maria Santíssima e outros grandes vultos da História da Humanidade.

Mas como sempre procedi até aqui, vou dar exemplos para deixar caracterizado o processo obsessivo.

A) Dr. Wickland no famoso livro *Trinta Anos Entre os Mortos* relata um exemplo típico, que passo a sumariar: O Sr. M. C., homem de negócios em Chicago, cuja família, do ponto de vista social era bem situada nos Estados Unidos da América do Norte, começou a agir de modo estranho. Evitava encontrar-se com a família. Um belo dia preparou as malas e abandonou os familiares, indo morar num pequeno aposento num bairro mal afamado da cidade.

Uma parenta deste senhor procurou o Dr. Wickland em sua

clínica pedindo em favor daquele homem que havia "enlouquecido" inexplicavelmente. Manifestou-se então numa reunião feita pelo Dr. Wickland um Espírito que se identificou como sendo a primeira esposa do Sr. M. C. Relatou que, uma vez morta, regressou à casa da ex-família e encontrando o marido com outra mulher, com um filho também, irritou-se, julgando-se traída. Com propósito de vingança, influiu sobre ele e ele abandonou o lar.

Devidamente esclarecido no sentido de que não deveria agir assim, o Espírito se afastou daquele senhor e ele regressou ao lar, confessando que fora casado antes, fato este que ele ocultara à segunda esposa. Quer dizer, não se pode dizer que houve aqui qualquer transmissão telepática pois só o obsidiado sabia sua condição de viúvo em segundas núpcias.

B) Suely Caldas Schubert relata diversos casos de obsessão. Vou pinçar sumariamente alguns: 1 — Certa criança de 3 anos e alguns meses de idade, vinha tentando o suicídio, ferindo-se; um dia jogou-se na piscina; noutro atirou-se do alto do telhado de casa; depois quis lançar-se diante de um carro em movimento, tudo isto levando a família a um compreensível estado de apreensão e vigilância. Estava, soube-se depois, debaixo de muitos obsessores, adversários de outras vidas; 2 — Uma senhora passou inexplicavelmente a apresentar muita tristeza, desânimo tão grande que mal saía do leito e era acometida de crise de prantos sem atinar para a razão deste mal-estar, para cuja cura inutilmente buscou a assistência de diversos médicos. Constatou-se, na casa espírita, que uma entidade desencarnada há algum tempo, aliás pessoa de bons sentimentos e que pela doente tinha grande afeição, aproximando-se dela, transmitia-lhe toda aquela angústia. Uma vez esclarecido e consolado, o Espírito foi afastado e aquela senhora curou-se passando a levar uma vida normal; 3 — Um jovem de 17 anos subitamente passou a ter insônias e grande agitação, alegando sentir um odor insuportável do qual não conseguia livrar-se. Tendo ido a um centro espírita e lá recebendo um passe, pouco depois se manifestou uma entidade desencarnada alegando que padecia horrores, ainda presa a seus despojos carnais em decomposição sentindo-se dentro e fora do corpo ao mesmo tempo. Também devidamente amparado, afastou-se do rapaz.

C) na obra *Dramas da Obsessão* o Espírito Bezerra de Menezes (médium Yvonne do Amaral Pereira) relata a vida de Leonel que, desde a infância, apresenta violentas crises em decorrência de enganos do passado. Já adulto e casado, teve a vida cheia de espinhos perante o processo obsessivo na pessoa de sua filha Alcina, desde o berço.

D) Interessante seria acrescentar que o processo obsessivo às vezes se dá ao longo de várias vidas. Posso dar exemplos disto: Ainda voltando ao testemunho de Suely Caldas Schubert, numa reunião de desobsessão dá passividade o Espírito de um médico que, na Terra, cometera muitos abortos criminosos e do outro lado da vida sentia a perseguição implacável de suas vítimas. Após o atendimento fraterno deste irmão, outro Espírito dá sua comunicação. Era uma das mulheres que fora sua cliente, cheia de ódio contra ele porque ela morrera em suas mãos quando teve, por ele, interrompida a gravidez. A pobre mulher vinha acossada pelo remorso e encharcada de ódio contra o médico que não cumpriu com o seu juramento de Hipócrates, ou seja, o juramento solene de salvar, de lutar pela vida, e não matar um feto, sem defesa, ainda no ventre materno.

E) Para não me tornar prolixo, dou a seguir um último exemplo: Será um caso extraído do livro *Nos Domínios da Mediunidade*, capítulo 9, obra do Espírito André Luiz, pelo médium Chico Xavier. Em síntese, é o seguinte: Pedro sofre um terrível processo de obsessão porque na vida precedente, como médico, abusou da missão de curar. Chegou ao ponto de seduzir a esposa de seu irmão consangüíneo.

Desencarnado, vendo o mano com sua ex-esposa, o irmão ultrajado não lhe perdoou aquela traição! Passou a persegui-lo cheio de ódio. Ódio tão grande, tão intenso que não se aplacou nem com a volta dos dois (o antigo irmão e a ex-esposa) ao mundo espiritual. Ódio tão vivo e desvairado que não se reduziu quando a antiga mulher era, agora, a mãe do médico reencarnado. Por aí vemos duas coisas importantíssimas a ressaltar: I) o processo da obsessão poderá durar durante longo tempo, indo até outras vidas, como escrevi linhas acima; e II) a atual vítima, o obsidiado, é que foi o algoz no passado, foi ele quem desencadeou todo aquele processo de sofrimento para si e para seus semelhantes tão próximos.

Nestas horas tão sofridas, tão angustiantes, a Doutrina Espírita traz tanto o devido esclarecimento dos encarnados e dos desencarnados, convidando-os ao perdão incondicional, ao esquecimento das ofensas recebidas, não guardando mágoas nem ressentimentos, como também a consolação que vai desenvolver, então, uma terapia tanto dos vivos como dos "mortos". O obsessor não passa de alguém que está sofrendo, e sofrendo muito, merecendo de nós apenas vibrações de amor, de bondade, de carinho a fim de que possa ocorrer a reconciliação, desfazendo-se em laços de fraternidade aquelas constringentes algemas de rancor que unem um ao outro.

II — TRATAMENTO DA OBSESSÃO

Honestamente não podemos dizer que a Doutrina Espírita tem a "fórmula mágica" para resolver todos estes intrincados problemas espirituais. Não podemos levianamente prometer cura em dois meses ou em dois anos. Tudo vai depender muito do encarnado e do desencarnado. Ambos são filhos de Deus a padecer as conseqüências de seus erros. Há criaturas que sofrem humilhações pesadas, prejuízos em seus interesses, danos em seus afetos mais caros e não perseguem seus algozes. São Espíritos que já superaram suas limitações e sabem perdoar. Consta que o primeiro Espírito a receber no mundo espiritual o assassino de Abraham Lincoln foi a própria vítima, o próprio Presidente dos Estados Unidos da América do Norte, abatido a tiros por um fanático, após a triste guerra civil que ali aconteceu. Quer dizer, Lincoln superou o ódio, ou melhor dizendo até, não deixou que este se instalasse em seu Espírito vindo a receber aquele que lhe roubara a vida física.

Mas nem sempre é o que se dá e aí os Espíritos se envolvem nos dramas da obsessão. O Espiritismo nesta hora dá algumas sugestões valiosíssimas para curar estas feridas morais que doem tanto. De escantilhão vou citar algumas:

1) A prece sincera daquele que se vê debaixo desta situação, pedindo perdão a seu algoz pelo prejuízo que lhe causou no passado;

2) Passes dados por médiuns passistas no centro espírita a fim de reequilibrar o perispírito, às vezes lesado pelas vibrações negativas do obsessor vingativo e implacável;

3) A água fluidificada com igual finalidade terapêutica, aliviando os sofrimentos inclusive do corpo da vítima, em razão da pertinaz perseguição invisível;

4) A leitura de obras edificantes para que novos horizontes se lhes abram diante dos olhos; novos caminhos surjam para serem palmilhados com equilíbrio; novos pensamentos de otimismo inflamem o seu coração adubando o seu anseio de levar outro estilo de vida, agora voltado para o Bem da Humanidade, sobretudo em favor dos mais necessitados pois, como é do texto evangélico, "o Amor cobre multidão de pecados";

5) O apoio da família compreendendo a problemática e colaborando com a manutenção de um clima de fraternidade no lar, o que nem sempre é possível pois Espíritos inferiores se insinuam e criam desarmonias domésticas, por questões de somenos importância, a partir da invigilância dos encarnados;

6) Jamais perder de vista de que, ao lado deste tratamento

espiritual, muitas vezes o encarnado merece um simultâneo tratamento médico para o refazimento de seu organismo combalido, incluindo-se aí também o atendimento adequado de um psiquiatra ou de um psicólogo, de preferência espírita, por entender melhor a situação em que se encontra o paciente;

7) A realização, nos centros espíritas, das chamadas reuniões de desobsessão para que os obsessores se comuniquem e aí sejam esclarecidos, socorridos, consolados em suas angústias, recebendo o atendimento fraterno de irmãos que somos todos, destinados à felicidade e à paz interior.

Leituras complementares

Além das obras de Kardec, que citei ao longo do texto do livro que ora chega a seu final, e de outros que aparecem também mencionados anteriormente, o leitor poderá obter mais detalhes lendo:

1 — *A Obsessão e Seu Tratamento Espírita* — Celso Martins.

2 — *Diálogo com as Sombras* — Hermínio Corrêa de Miranda.

3 — *Obsessão, Passe e Doutrinação* — J. Herculano Pires.

4 — *Desobsessão* — médium Chico Xavier (autor espiritual André Luiz).

5 — *Obsessão/Desobsessão* — Suely Caldas Schubert

6 — *Árdua Ascensão* — médium Divaldo Franco (autor espiritual Victor Hugo).

7 — *Conversando com os Mortos* — Manoel C. Silva.

8 — *Obsessão e Loucura* — médium Divaldo Franco (autor espiritual Manoel Philomeno de Miranda).

Palavras Finais

Confesso que gostei muito de conversar com você, leitor amigo. Foi-me agradável esta palestra e espero que o mesmo você possa dizer. Tentei ser-lhe útil na solução de seus problemas espirituais. Não sei se consegui. Deixei-lhe vários nomes de livros cuja leitura poderá oferecer a você aquilo que a minha incapacidade não conseguiu ofertar.

Para servir como ponto final, transcrevo uma página do livro *Respostas da Vida*, psicografado por Chico Xavier e da lavra espiritual do Espírito André Luiz. Ei-la:

Agentes do Contra

A lembrança amarga não consertará o passado.
A tristeza não lhe trará luz ao pensamento.
O desânimo não tem condições de prestar auxílio.
A azedume não pacifica o mundo íntimo.
A revolta não lhe fará ver o caminho justo.
A crítica é fator de mais solidão.
A irritação é a companheira do fracasso.
A intolerância afasta a simpatia.
O ressentimento é veneno em você mesmo.
A condenação é treva que se espalha.

Evitemos esses agentes do contra e procuremos trabalhar, na certeza de que, servindo, encontraremos a bênção da alegria por nosso clima permanente de luz.

LIVROS DO CELSO EM CO-AUTORIA

Caso o leitor tenha gostado deste livro, e queira conhecer mais detalhes sobre assuntos aqui tratados, e outros temas da atualidade, à luz do Espiritismo, poderá ampliar suas noções lendo outros livros do CELSO MARTINS por nós editados como por exemplo:

1º) **PONTO DE ENCONTRO** - 2ª edição ampliada e melhorada.

Escrito de parceria com o saudoso jornalista e escritor DEOLINDO AMORIM, nesta obra são analisados assuntos como Ciência e Religião, Espiritismo e Ocultismo, As Minorias Religiosas, Fatores Espirituais da História, Diante do Fato Mediúnico, num total de 34 capítulos objetivos e oportunos.

2º) **CAMINHO DE LUZ** - 3ª edição.

Escrito de parceria com o jornalista e escritor AURELIANO ALVES NETTO, neste trabalho aparecem 33 capítulos analisando assuntos como o casamento, as almas gêmeas, a mediunidade, os três aspectos do Espiritismo, as informações dos espíritos, a metempsicose, a aura humana, a pluralidade dos mundos habitados, num estilo agradável e aliciante.

CURSOS BÁSICOS E OBJETIVOS PARA APLICAÇÃO NO CENTRO ESPÍRITA E ESTUDO NO LAR

MEDIUNIDADE

Apresenta respostas para muitasdúvidas e dilemas. Você vai conhecer a filosofia, a ciência e a religião espírita. Com aulas agradáveis de se estudar.

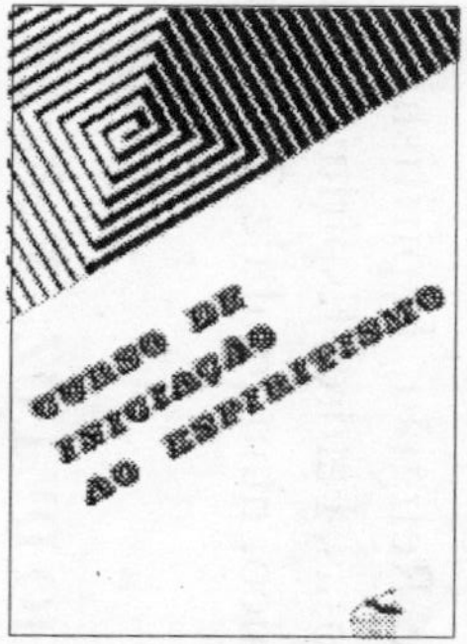

INICIAÇÃO

Prático e objetivo, simples e educativo. Curso com quatro fascículos, com teste e gabarito para avaliação. Fácil aplicação no lar ou no Centro Espírita. Contém 38 aulas.

REUNIÕES

Apresenta respostas para muitas dúvidas e dificuldades na condução de reuniões mediúnicas.
Com aulas agradáveis em textos objetivos.